TRANSFORMANDO
el Aula de Primaria

Propuestas prácticas para el aprendizaje
en el primer ciclo de educación primaria

Irene Yáñez Leiro

Saralejandría
ediciones

A mi familia, por el respaldo y los ánimos en todas mis decisiones.

A Luke, por su apoyo incondicional.

A mis amigos, por los valiosos consejos.

A mi alumnado, por vuestro esfuerzo y ganas de aprender juntos.

Sin vosotros esto no sería posible.

INDICE

¿CÓMO HE LLEGADO AQUÍ?

La verdad es que ni yo lo tengo muy claro, supongo que soy lo que se denomina una maestra de vocación, aquella niña que jugaba en su salón a darle clases a sus peines y otros objetos que encontraba por la casa.

Mi trayectoria es realmente simple, estudié de infantil a bachillerato en centros públicos de mi ciudad. Siempre tuve claro que quería dar clase, aunque durante el bachillerato me surgían dudas sobre si estudiar Educación Primaria o Traducción e Interpretación para dedicarme a otro tipo de docencia. Finalmente, estudié el Grado de Educación Primaria con mención en Audición y Lenguaje en la Universidad de Santiago de Compostela. Al acabar esta etapa, teniendo claro que quería ser maestra en la educación pública, era el momento de empezar mi andadura como opositora, pero no quería dedicarme en exclusiva a estudiar la oposición, por lo que empecé el Grado en Logopedia en la Universidad de A Coruña, que acabé una vez que ya había conseguido plaza. Todo esto, siempre acompañada de mi deporte favorito, el voleibol, deporte que he compaginado desde mi infancia hasta la actualidad, jugando en diferentes categorías a nivel estatal.

Soy una maestra casi novata, he trabajado varios años por la especialidad de Audición y Lenguaje en centros ordinarios y de educación especial, pero tan solo un par de cursos como tutora de 1º ciclo.

Creo fielmente en el gran poder que tiene la educación y me da mucha pena que todo el mundo opine a la ligera sobre el trabajo realizado en la escuela, sobre todo, de la pública. Es cierto que toda la población ha pasado por el colegio, por lo que se creen con voz y voto para dictaminar, sobre todo, lo que allí dentro sucede. La escuela pública crea una réplica de cómo es el mundo, con sus beneficios y sus inconvenientes, un lugar para compartir y aprender de forma colaborativa.

La escuela es un mundo en sí. Los maestros pasamos horas viendo como el alumnado interacciona, aprende, reacciona, abre sus inquietudes ante nosotros, nos cuenta sus grandes secretos… En la gran mayoría de ocasiones disfrutamos de un tiempo más real y funcional de la infancia de los niños y niñas con los que trabajamos que sus propias familias. El valor de los profesores suele quedar relegado ante nuestras inmensas vacaciones, sin embargo, en nuestras aulas están los adultos del futuro: doctoras, profesores, bomberos, artistas, cajeros, mozos de almacén, albañiles, enfermeros, fontaneras...

Este libro surge debido a la necesidad del cambio metodológico en 1º ciclo de primaria, pretendiendo mostrar propuestas alternativas a la enseñanza tradicional. Todas ellas han sido llevadas a cabo dentro del aula, demostrando la relevancia del juego y la manipulación como base de la comprensión y de la resolución de problemas; siendo el objetivo final formar la sociedad del futuro.

EL AULA INCLUSIVA

La palabra inclusión es un imprescindible de las escuelas de hoy en día; se escucha en todos los centros educativos, en la televisión, en la radio, en las conversaciones de las familias, entre los propios docentes... Sin embargo ¿es una realidad en las aulas de primaria? Es una realidad si se habla de la variedad de alumnado que hay en las clases, de estudiantes con diferentes diagnósticos, y los otros, aquellos grandes olvidados, que, sin tener un diagnóstico, también tienen sus características personales. Por el contrario, si nos centramos en la didáctica a la hora de poner en práctica este concepto de inclusión, la realidad es un poco distinta.

La inclusión educativa es un enfoque pedagógico y social que busca garantizar que todos los estudiantes, independientemente de sus capacidades, necesidades o antecedentes, tengan acceso a una educación de calidad en un entorno que les permita un desarrollo integral. A nivel teórico, siguiendo a Elizondo (2020) la inclusión se basa en principios de equidad, respeto y diversidad, promoviendo la idea de que cada alumno tiene derecho a aprender, valorando la presencia, participación y avances de todos los estudiantes en la vida escolar.

Este concepto de inclusión se aleja de la segregación, abogando por la adaptación del currículum y de las metodologías de enseñanza, para atender a la diversidad del alumnado, tal y como se ha visto reflejado en la Conferencia de las Naciones Unidas en 1994. No obstante, en la actualidad, ya no es tan importante definir qué es y qué no es inclusión, si no centrarse en cómo implantarla adecuadamente en las aulas (Echeita, 2019).

La realidad en las aulas puede ser bastante compleja donde los docentes se enfrentan a diversos problemas al intentar implementar prácticas inclusivas. En aulas con una gran variedad de necesidades: estudiantes con Trastorno del Espectro Autista, dificultades de aprendizaje, trastornos de comunicación o altas capacidades intelectuales, el profesorado debe adaptar sus estrategias de enseñanza para atender a cada uno de sus estudiantes, sin perder de vista el conjunto de la clase. Esto no solo requiere un gran conocimiento de las características de cada estudiante, sino también una formación continua en metodologías activas e inclusivas y en el uso de recursos didácticos variados. Además, hay que tener en cuenta las limitaciones de tiempo y recursos, lo que puede dificultar la planificación de actividades que sean realmente inclusivas. La necesidad de apoyo especializado, de comunicación con otros profesionales y cooperación con las propias familias para acompañar el camino hacia una educación inclusiva efectiva. La colaboración entre docentes, la formación en diversidad y la creación de un ambiente escolar que valore la inclusión son pasos fundamentales para avanzar hacia una educación que realmente atienda las necesidades de todos los estudiantes.

A pesar de estas dificultades, los docentes se comprometen con la inclusión y buscan formas de mejorar la práctica docente, de cara a conseguir una sociedad involucrada en el cambio. La inclusión educativa no solo beneficia a aquellos con necesidades específicas, sino que enriquece el aprendizaje de toda la comunidad escolar, fomentando un ambiente de respeto y comprensión mutua. La inclusión educativa ha de verse también desde una perspectiva social en la que se incluye a los aprendices diversos, influenciada por los derechos humanos, para obtener una educación de calidad mediante la acción colectiva, en la que se benefician tanto los estudiantes con dificultades como aquellos que no las presentan (Moreno, 2021).

Bajo esta presentación de la inclusión, se denota la necesidad formar una sociedad en la cual todos formen parte de ella, por este motivo, se emplea el Diseño Universal del Aprendizaje como base de una sociedad más equitativa. El Diseño Universal del Aprendizaje, en adelante DUA, es un concepto que se ha extrapolado del campo de la arquitectura, del llamado Diseño Universal, mediante el cual se pretendía que el diseño de un producto o del entorno, fuera apto para el uso de todas las personas, sin la necesidad de realizar una adaptación posterior para un público específico (Alba, 2021).

A modo de ejemplo:

En la entrada a una plaza pública, en vez de colocar en su diseño original unas escaleras, para posteriormente reformar esta entrada con una rampa que la haga accesible a personas con diversidad funcional, se colocaría directamente una amplia rampa, para que todos puedan beneficiarse de ella.

El denominado Diseño Universal tuvo su auge a finales de los años 90, gracias a la conciencia social sobre igualdad y discapacidad que impulsó una actualización legislativa sobre las adaptaciones en la construcción y la necesidad de la remodelación en el diseño de edificios. Este cambio desveló que los diseños creados en un primer momento para las personas con diversidad funcional no eran empleados únicamente por estas, si no que otras personas sin dificultades se beneficiaban de ellas (Alba, 2021).

Volviendo al ejemplo anterior, si se realiza la pregunta ¿a quién beneficia una rampa? Pudiera ser que el lector contestase que, a una persona en silla de ruedas, pero... ¿acaso no beneficia a todo el mundo el empleo de una rampa? Todas las personas envejecen, llegada a cierta edad, puede que sea más útil una rampa, quizá para carritos de bebés, carritos de la compra, una persona con un esguince en un tobillo o que portea una maleta.... ¿realmente el lector sigue pensando que una rampa solo beneficia a una persona en silla de ruedas? La realidad es que las adaptaciones hacen la vida más sencilla a las personas que las emplean.

El DUA es un enfoque didáctico que persigue aplicar los principios del Diseño Universal a las aulas, acercando las adaptaciones en el proceso de enseñanza- aprendizaje al propio currículum, centrándose en proponer objetivos, métodos, materiales y la evaluación, para que todos los estudiantes puedas desarrollar sus conocimientos habilidades a través de la motivación y la participación. En palabras de Elizondo (2022), el DUA representa un modelo de enseñanza organizado, en el que se siguen pautas y puntos de verificación para ayudar al docente a planificar su práctica diaria, de modo que proponga oportunidades de enseñanza y aprendizaje válidas para todos los estudiantes, reconociendo las barreras que puedan existir en el aprendizaje, reformulando las actividades para realizar propuestas inclusivas.

La eliminación de barreras es el primer paso dentro de la creación de propuestas accesibles. Por un lado, la supresión de barreras en la infraestructura física de la que se ha hablado en el apartado anterior dentro del Diseño Universal. Esta eliminación atañe a la propia estructura del centro educativo y del aula. Por otro a nivel informacional y de presentación del material, comprobando la accesibilidad cognitiva para todo el alumnado (Fondo de las Naciones Unidas para la Infancia (UNICEF), 2014).

El enfoque DUA se nutre de la neuropsicología y la accesibilidad a la información, cuyas investigaciones permiten conocer cómo se procesa el aprendizaje a nivel cerebral (Alba, 2021). De estos estudios se extrae que las conexiones neuronales funcionan en 3 tipos de subredes:

Las redes de conocimiento por las cuales se percibe la información y se le da significado a la misma.

Las redes estratégicas encargadas de planificar, realizar y controlar las tareas tanto motrices como cognitivas.

Las redes afectivas que aportan un estado emocional e intervienen en la motivación e implicación.

Por este motivo, el DUA se basa en 3 principios, en los que el maestro debe de prestar atención a la hora de planificar sus actividades y propuestas de aula, contestando a estas 3 preguntas:

¿QUÉ SE APRENDE?

Es necesario proporcionar variadas formas de acción y expresión, en otras palabras, el docente ha de ofrecer alternativas a la información auditiva, como por ejemplo empleo el de información visual tales como vídeos, símbolos o ilustraciones, ya que en palabras de Couso (2023) el aprendizaje se incrementa al recibir información por diferentes vías que activen diversas áreas cerebrales para la exposición de un mismo contenido. Del mismo modo, para facilitar la comprensión de la tarea y su correcta ejecución, son útiles las listas de comprobación, en las que el alumnado de modo autónomo puede ir registrando su aprendizaje.

Finalmente, es necesario asegurar el aprendizaje significativo y la retención en la memoria, para ello, se han de activar los conocimientos previos, la relación entre lo conocido y lo que se tiene que aprender y la realización de actividades diarias en las que se ponga en marcha ese conocimiento.

¿CÓMO SE APRENDE?

Este punto es especialmente relevante para el alumnado de necesidades educativas especiales; el profesor debe de valorar y proporcionar diversas formas de presentación, comprender y respetar el empleo de múltiples sistemas de comunicación. Del mismo modo, en lo referido al material que se emplea durante las sesiones, facilitar la gestión de recursos manipulativos del aula, clasificar y regular el nivel de apoyo que se va a realizar para cada actividad. De modo que el docente tenga también una lista de comprobación del nivel de apoyo y su evaluación, así como que el discente sea partícipe con su propia autoevaluación.

¿POR QUÉ SE APRENDE?

El docente debe de proporcionar formas de implicación, es decir, captar y mantener el interés, impulsar la colaboración, exponer una variedad de objetivos y regular su adquisición proporcionando retroalimentación. Esto acompañado del incremento de la autonomía, a través de la autorregulación emocional y la gestión del error como parte del proceso de aprendizaje, creando un ambiente bajo en distracciones en el que se guía el aprendizaje.

A modo de ejemplo:

Pongamos una actividad que se quiere planificar basándose en estos principios, la creación de un ticket de supermercado basándose en un presupuesto y un catálogo.

◆ **1º Exposición de la propuesta con una presentación con letra y apoyo visual** en la que se explique la actividad acompañada de la explicación de la maestra. Establecimiento de los grupos de trabajo multinivel.

2º Creación de una guía de seguimiento en la pizarra para que el alumnado vaya siguiendo los pasos. 1º, buscar en el catálogo alimentos, 2º comprobar que entran en el presupuesto, 3º anotar el nombre del alimento y el precio y 4º creación del ticket con la operación necesaria y el cálculo total.

3º Reparto y exposición del material; ejemplo en la propia presentación para que el alumnado comprenda la actividad, material manipulativo a mano para poder ser empleado de ser necesario (catálogo con precios, monedas, calculadora...)

4º Presentación de la resolución del ticket de compra a los compañeros.

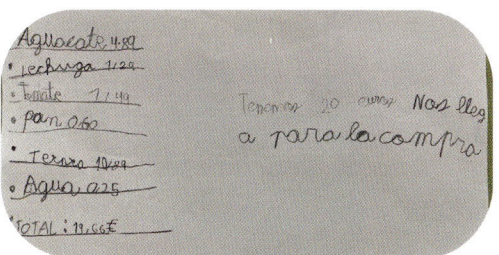

Durante todo este proceso, el profesor debe de acompañar y guiar la actividad, para que cada alumno ponga en práctica sus conocimientos como parte del grupo.

Este ejemplo de actividad cumpliría con los 3 principios de DUA dando respuesta a las preguntas dadas. **¿Qué? Redes de conocimiento**, por las cuales se plantea la actividad con una presentación visual y una red fonológica de explicación, una lista de comprobación para ir marcando el proceso y la conexión con la realidad para transformar el aprendizaje de un concepto en un conocimiento útil y significativo. **¿Cómo? Redes estratégicas**, la presentación de material manipulativo para realizar la tarea, la lista de comprobación y la variedad de contenidos a ser expuestos de modo oral, por escrito... **¿Por qué? Redes afectivas**, proporcionar diferentes tareas para que se organice el grupo en función de sus intereses o aptitudes, responsabilidad individual y de participación en el equipo, reconocer las emociones y mediar en los conflictos del propio equipo colaborativo de cara a la finalización de la actividad.

Para concluir este apartado de DUA, querido lector, ¿considera que esta actividad solo es beneficiosa para un tipo de alumno o para todo el alumnado?

Al igual que se ha comprobado con el Diseño Universal, las adaptaciones son beneficiosas para todo el estudiantado. Los estudios sobre la implantación de este enfoque demuestran que proporcionar material de apoyo para el estudiantado que lo necesite, hace que se deje de poner el foco en la discapacidad, ya que las propias dificultades radican en la propia interacción en el proceso de enseñanza y aprendizaje (Alba, 2021).

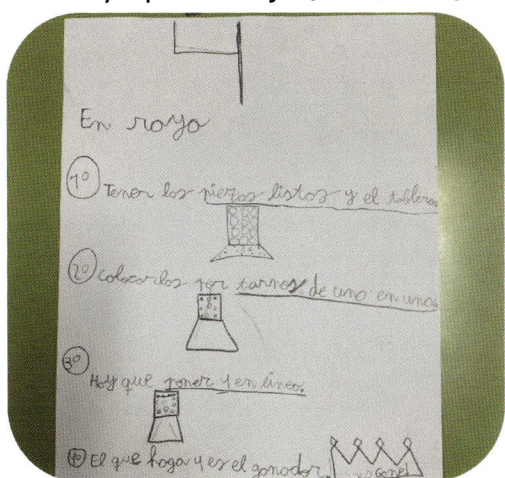

CUATRO EN RAYA

1º Tener las piezas y el tablero.

2º Colocar las piezas por turnos de 1 en una.

3º Hay que poner 4 en línea.

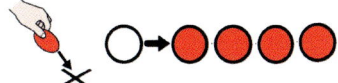

4º El que ponga 4 en línea es el ganador

A principio del capítulo se explicaba la relación entre la inclusión el DUA y la conciencia social, pues, es en la escuela donde realmente se puede formar a los estudiantes para una sociedad realmente inclusiva. Alumnos ahora, ciudadanos del futuro.

EL PASO A EDUCACIÓN PRIMARIA

El paso a Educación Primaria es una de las grandes preocupaciones de la escuela actual, ya que, poco a poco se ha ido investigando sobre cómo aprende mejor el cerebro infantil; dando paso a nuevas metodologías, en las que se incluye el juego, la manipulación, las experiencias sensoriales, la curiosidad, la espontaneidad...

Los grandes cambios metodológicos se han ido aplicando sigilosamente en las aulas de Educación Infantil, en las que muchas veces no se encuentran mesas y sillas para todos los discentes. En su lugar, se encuentran mini mundos abiertos a la exploración, mesas sensoriales repletas de propuestas manipulativas de clasificación o de transvases, juegos de mesa con los que aprender a respetar al oponente, rincones para cada área del conocimiento, actividades de lectoescritura o numeración con materiales manipulativos... ¿Pero, qué cambio se observa al llegar a Educación Primaria? La respuesta es obvia, apenas se observan este tipo de actividades.

Sin embargo, la legislación actual de la Comunidad Autónoma de Galicia refleja en su desarrollo legislativo la importancia de establecer medidas en los propios centros educativos para favorecer la transición entre las etapas de educación infantil y primaria. Así mismo, la Orden EFP/678/2022, de 15 de julio, por la que se establece el currículo a nivel estatal, pone en relieve la necesidad de aplicación de metodologías activas, el empleo de recursos diferentes y ajustables a los ritmos de aprendizaje, la creación de propuestas abiertas, flexibles e inclusivas... En resumen, un cambio metodológico para ajustarse a la realidad de las aulas, como base para la fomentar la iniciativa personal, la implicación y la reflexión de cara a la construcción del pensamiento crítico.

La importancia del juego en la primera infancia es ineludible, constituyendo un mecanismo de aprendizaje, tal y como refleja Couso (2023), el juego es el medio por excelencia en el que desarrollar el aprendizaje, no siendo este un fin si no un proceso.

"Jugar es divertido"
María Couso (2023)

Por lo que no puede sorprender que estudiantes de primer ciclo estén deseosos de aprender jugando. El juego produce momentos de interacción y de creación de vínculos sociales, mientras que reproduce situaciones que necesitan de repetición para ser asimiladas, por eso el alumnado quiere repetir los juegos que conoce, pues le resultan más interesantes, ya que pueden comenzar a crear estrategias sobre el propio juego en lugar de centrarse únicamente en cumplir las normas.

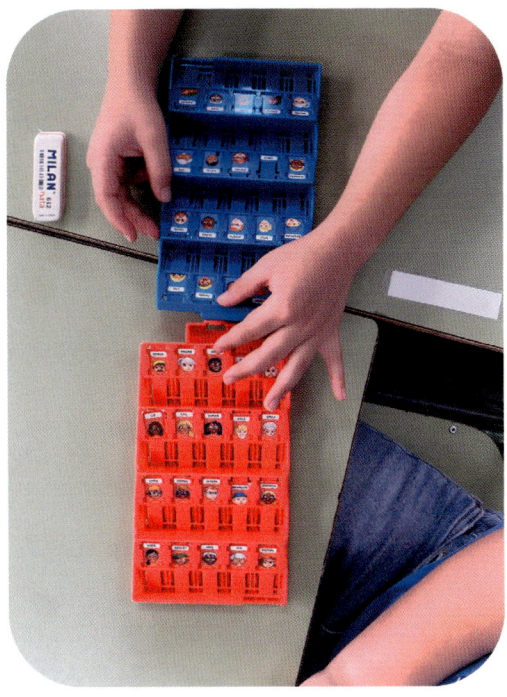

¿Por qué, si se reconoce la importancia del juego en la infancia, no se aplica en el aula de primaria? ¿Por qué si se reconoce la necesidad del empleo de metodologías activas, se limita a su puesta en práctica? Aunque a simple vista no se aprecie una respuesta obvia, desde mi perspectiva de maestra novata la respuesta es sencilla:

este tipo de actividades conlleva un trabajo abrumador. Un tutor o tutora se enfrenta a la tarea de preparar material para enseñar diversas asignaturas en un horario ajustado, considerando los proyectos del centro y las festividades a celebrar. Además, debe gestionar aulas llenas de estudiantes con ritmos de aprendizaje variados y, en la mayoría de los casos, Necesidades Específicas de Apoyo Educativo y/o Necesidades Educativas Especiales.

Pongámonos en situación:

Llegas a un aula de 1º de primaria con 25 alumnos. No queriendo etiquetar a los estudiantes, tienes que empezar una evaluación inicial, siendo esta necesaria para conocer el punto de partida y establecer los objetivos adecuados. Vas a encontrarte con alumnado con Trastorno del Especto Autista, dificultades de aprendizaje, trastornos de comunicación, alumnado en situación de vulnerabilidad educativa, altas capacidades intelectuales... El objetivo final no es etiquetar al estudiante por su condición, si no conocer qué tipo de estrategias debes emplear para ajustarte a la diversidad de tu aula.

Los estudiantes entran con la alegría de que se han convertido en mayores y que a partir de ahora no se va a jugar, si no a trabajar: porque hay que aprender a leer y escribir. ¡Empezamos mal! El aprendizaje de conceptos en muchas ocasiones es arduo: nociones demasiado abstractas, explicaciones que requieren un alto grado de concentración, atención sostenida en actividades complejas... Por eso, el profesorado debe de intentar realizar actividades funcionales, basadas en actividades de la vida cotidiana y empleo del juego como motor del aprendizaje. Si bien es cierto, en el mundo actual lleno de estímulos cambiantes a cada segundo, en el que se premia la inmediatez y se castiga al aburrimiento, la labor del docente es cada vez más compleja.

¿Cómo crear un ambiente lúdico y cambiante en un aula? En muchas ocasiones el profesorado se convierte en un perfecto actor: modulando la voz, inventando nuevas técnicas sobre la marcha para que se mantenga la atención en las actividades, preguntando durante las explicaciones, interactuando con los alumnos como iguales...

La aplicación de esta metodología choca con la realidad en el momento del abandono de la educación infantil, ya que son las personas adultas las que crean un nivel de expectativa alto sobre el cambio a primaria, pudiendo provocar en determinados estudiantes un nivel de ansiedad, por inseguridad ante lo desconocido. Del mismo modo, en familias cuyos hijos o hijas tengan alguna dificultad, síndrome o trastorno esta ansiedad se puede ver reflejada en el propio hogar, por los nuevos cambios y retos a los que se va a enfrentar el alumnado.

Como docente, en este punto, se siente una gran responsabilidad, 25 personitas dependientes de ti, con ansia de conocimientos, pero claro... ¡Cada uno en un punto evolutivo y con determinadas fortalezas y dificultades! Ante esta situación la respuesta más sencilla es sentarlos en frente de un libro o una ficha de solución cerrada y empezar con una clase magistral: en la que el estudiante que ya lo sabe, lo realiza sin dificultad, mientras aquel alumno o alumna que no lo consigue, necesitará el apoyo de un profesor y algunas fichas de refuerzo. ¡Qué frustrante! Es lo que se ha hecho siempre, la llamada experiencia pedagógica, ¿Aunque, siendo la educación una ecuación extremadamente desafiante, la repetición de métodos asegura el aprendizaje? Delicada respuesta a la que me atrevería a contestar con un rotundo ¡no! En palabras de Casaseca (2021) si llevas años realizando el mismo tipo de docencia, no has tenido muchas clases, has tenido una clase muchas veces. Los procesos de comunicación y de interacción con el aula difícilmente se repiten, cada grupo de estudiantes presenta unas características, por las cuales el docente, aun basándose en su experiencia, tendrá que modificar y ajustar a la realidad del aula a la que se enfrenta.

El docente, queriendo aprender de las nuevas teorías educativas y encontrándose en un aula de primer ciclo, intentará realizar, a la par de las actividades tradicionales, algún proyecto, en el que se puedan demostrar las destrezas de todo el alumnado y determinadas actividades con un enfoque más lúdico, procurando que sean sencillas para que el alumnado con dificultades en el aprendizaje también pueda participar de ellas. Esta decisión no recae solamente en la comodidad, si no que se acusa a la carencia de conocimientos sobre qué hacer y cómo, en la carga burocrática y en la falta de cooperación entre el profesorado que se encuentra sobrepasado por sus quehaceres, la escasa relación sobre las teorías educativas y la realidad en un aula...

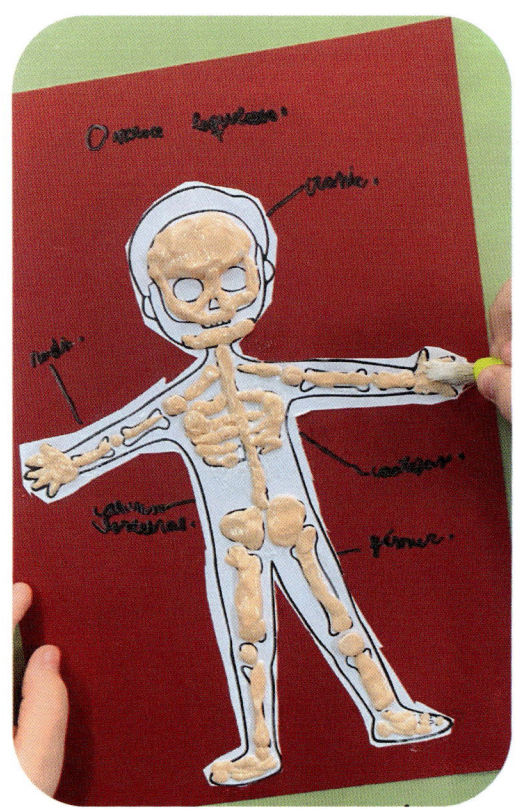

¿Innovación, motivación y emoción? Las teorías educativas vanguardistas buscan abordar de manera práctica la brecha existente entre la teoría y la aplicación en el aula. Es importante tener cuidado al implementar innovaciones, ya que es fundamental evaluar si los estudiantes realmente mejoran en su rendimiento o simplemente se adaptan a las novedades educativas (Gómez y Cabeza, 2024). El profesorado debe de formarse continuamente e ir aplicando los cambios que considera oportunos dentro de su grupo, valorando la adecuación a su aula y la consecución de los objetivos perseguidos.

Actualmente, el profesorado correlaciona, como si de una ecuación se tratase, la emoción con el aprendizaje. No todas las actividades educativas necesitan ser emocionantes para resultar efectivas. A veces, recordamos con disgusto aquellas tareas memorísticas que tanto nos costaron aprender, pero que finalmente logramos dominar. En palabras de autores como Casaseca (2021), Willingham (2022) o Couso (2023), la motivación es un elemento clave, pero a menudo difícil de alcanzar, requiere tanto de interés intelectual como de respaldo emocional, incluyendo el reconocimiento del esfuerzo y la valoración de los resultados por parte del maestro. La verdadera motivación implica comprometerse con el proceso de aprendizaje, facilitando la comprensión de conceptos. Las actividades lúdicas suelen ser más atractivas y favorecen la atención, la memoria y la confianza en uno mismo. La investigación demuestra que el estudiantado no siempre comienza con interés, puesto que la dificultad de una tarea puede hacer que parezca tediosa, pero con la práctica, el dominio y la comprensión comienza a manifestarse la curiosidad.

Este libro pretende demostrar una visión centrada en la realidad de las aulas, basada en las teorías e investigaciones sobre didáctica y metodologías activas más recientes, sin perder de vista las inquietu-

des de los docentes. En él se verán reflejadas propuestas de la vida real, situaciones de aprendizaje vividas en un aula con alumnado diverso: con diferentes ritmos de aprendizaje y con alumnado NEE y NEAE, ajustes metodológicos y adaptaciones multinivel, ya que la realidad del aula lo requiere.

Es importante que al leer las siguientes páginas se tenga en cuenta que cada actividad se ha realizado para un grupo en concreto, por lo que debe de servir como guía o inspiración, pero nunca como imperativo categórico o como única verdad absoluta, ya que no todo funciona en todas las aulas, hay actividades que pueden funcionar muy bien con un grupo, pero demostrar un alto porcentaje de error en otro.

"Enseñar, un maestro, no es posible si no aprenden el alumno y el maestro."

Salustiano Casaseca (2021)

ORGANIZACIÓN DEL AULA

La organización adecuada en el aula es fundamental para crear un entorno propicio para el aprendizaje. La disposición del mobiliario, la distribución del espacio, la claridad de las instrucciones y la gestión del tiempo son aspectos clave de una buena organización en el aula. El ambiente no es neutro, afecta al estado de ánimo, educa y según se ordene de uno u otro modo puede llegar a ser un elemento facilitador o inhibidor del aprendizaje.

Una determinada organización del espacio fomenta la participación de los estudiantes, promueve la interacción entre ellos y facilita la comunicación con el docente. Un ambiente ordenado y estructurado contribuye a reducir la ansiedad y el estrés, permitiendo que los estudiantes se enfoquen en el contenido de la lección y en sus objetivos de aprendizaje. En el espacio escolar hay que considerar los elementos que lo conforman, su distribución, su ubicación, su cantidad y su calidad, pero también las relaciones y usos que se desarrollan en estos ámbitos, las interacciones entre los sujetos, los objetos y las actividades que se realizan con el fin de saber si dichos elementos forman parte de un proceso educativo que favorezca la renovación y la mejora constante de la calidad de la enseñanza (López, 2018).

La mejora de la escuela pasa, necesariamente, por la reorganización de los elementos como los tiempos, los espacios, las relaciones y los procesos que componen su estructura organizativa y el espacio escolar. En resumen, una organización adecuada en el aula es esencial para crear un ambiente de aprendizaje efectivo, donde los estudiantes puedan desarrollar sus habilidades, participar activamente y alcanzar su máximo potencial académico.

En la práctica, la mayoría de los centros educativos no se ajustan a las demandas actuales de las actividades escolares. Es fundamental adaptar las estructuras organizativas del aula que permiten flexibilidad: la distribución de los estudiantes, el diseño del mobiliario y la gestión del horario. Estos cambios deben ser ágiles para poder adaptarse a las necesidades diarias del aula. Así, la disposición del espacio será temporal y estará lista para ajustarse según sea necesario.

Los primeros días del curso, antes de que comience el período lectivo, son los que se suelen a provechar para colocar las estanterías, materiales, mesas... Sin embargo, ¿por dónde comenzar? A lo largo de este capítulo pretendo ir exponiendo las preguntas que me realizo cada principio de curso y las decisiones que voy tomando para organizar el espacio y el tiempo.

¿CÓMO DISPONER LAS MESAS?

En un primer lugar, analizo todo el mobiliario disponible, empiezo a mover las estanterías y mesas para encontrar la disposición que más se ajuste a la clase, teniendo en cuenta donde están situadas las ventanas y la pizarra, así como el número de estudiantes y si hay alguno que requiera una situación determinada dentro del aula.

Durante la etapa de educación infantil, el alumnado suele estar sentado en grupos o tener una zona agrupada para la realización de propuestas. Basándome en esta concepción del aprendizaje y teniendo en cuenta la relevancia del aprendizaje colaborativo, en mi aula, la zona de trabajo se compone de grupos. Estos grupos quedan ubicados cerca de la pizarra, permitiendo que todo el alumnado pueda visualizar la pizarra, para cuando sea necesario. En el caso de tener algún estudiante que requiera una posición especial en el aula, busco colocar los grupos de modo que este alumno pueda pertenecer a su grupo cooperativo, pero respetando su espacio.

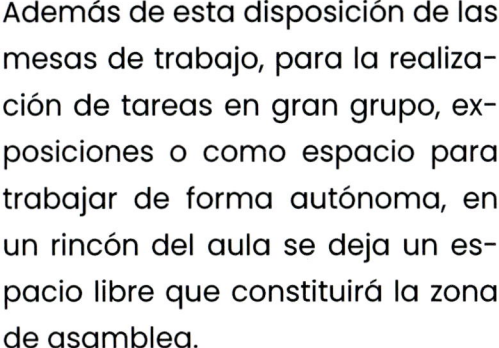

Además de esta disposición de las mesas de trabajo, para la realización de tareas en gran grupo, exposiciones o como espacio para trabajar de forma autónoma, en un rincón del aula se deja un espacio libre que constituirá la zona de asamblea.

Los materiales en el aula están dispuestos en rincones por materias o ámbitos, que según Murillo (2020), son espacios definidos en el aula. En nuestro caso, dado el espacio limitado del aula, algunos de ellos disponen de espacio de trabajo propio para pequeños grupos y otros se componen de mobiliario para el material.

El objetivo de estos rincones es mantener clasificado el material, respondiendo a las diferencias y ritmos de aprendizaje de cada alumno. En nuestra aula, en el caso de que algún alumno necesite, por ejemplo, material de apoyo para el conteo, se dirige a la sección de matemáticas y coge un cuenco con piedras y un plato para apoyarlas. Nuestros rincones son los siguientes:

◆ **El rincón de matemáticas,** formado por una estantería amplia y clasificado por contenido: numeración, operaciones, des-composición numérica, euros, calendario, figuras geométricas, cálculo mental. En la parte de arriba de esta estantería se encuentran los recursos de apoyo que más se emplean: rectas numéricas, paneles numéricos, plantillas de operaciones, listas de comprobación...

◆ **El rincón de ciencias,** formado por estanterías repletas de cajas con el material manipulativo por contenidos: el cuerpo humano, los planetas, la ciudad, los animales, las plantas, el calendario... También, se compone por una mesa Tufftray en la que cada mes o con el cambio de tema se le coloca una propuesta manipulativa relativa al contenido a desarrollar. Finalmente, el rincón está delimitado por una cocina de juguete y un supermercado. De cara a la experimentación, tan requerida en el proceso de enseñanza y aprendizaje, este rincón se encuentra formado por zona de trabajo en grupo y de la biblioteca de aula.

◆ **El rincón de lengua castellana y el rincón de lengua gallega** se encuentran en lados opuestos del aula, ambos formados por estanterías con materiales manipulativos para la adquisición de la lectoescritura, conversión de grafema-fonema, de fomento de la expresión oral, de ampliación de vocabulario y de estructuración de la oración y otros materiales empleados comúnmente como una caja de sonidos Montessori, una ruleta de Ikea, pizarras, juegos de mesa...

Es interesante reflexionar sobre la utilización de estos y su estructura física. Al principio, como maestra, decido qué rincones existen y establezco las normas. Explico su función en la asamblea, coloco carteles identificativos y establezco reglas para cada rincón. A medida que avanza el curso, son los propios estudiantes quienes utilizan estos espacios, por lo que ajustamos su disposición según sus necesidades y evaluamos su uso. En nuestra clase, fomentamos el diálogo y llevamos a la asamblea las decisiones importantes relacionadas con la vida diaria. Se someten a votación para elegir la opción preferida por la mayoría de los alumnos y alumnas. Esta forma de involucrar a los estudiantes en la toma de decisiones ayuda a que se respeten las normas, ya que han sido acordadas de manera conjunta.

¿CUÁNDO EMPLEAMOS LOS RINCONES?

En nuestra aula los rincones se emplean para favorecer la autonomía y la colaboración entre los estudiantes. Una vez finalizadas las tareas propuestas para esa materia, el alumnado se dirige al rincón correspondiente a ese ámbito para continuar trabajando y profundizando en la materia.

La organización y distribución de los materiales se ha explicado anteriormente en gran grupo y se explica en el momento de usarlo en el caso de que persistan las dudas. La flexibilidad y la participación activa son elementos fundamentales, permitiendo que el trabajo en los rincones se adapte a las necesidades y preferencias de cada grupo de estudiantes. Esto también me permite como docente, atender de forma más individualizada a los estudiantes, bien sea a aquellos que ya están en el rincón, como a los que precisan ayuda para completar la tarea propuesta inicialmente. Es realmente importante que todo el alumnado pueda participar de los rincones, por lo que, dentro de la planificación del día me tengo que asegurar de dar tiempo a aquellos estudiantes más rezagados para que disfruten también del juego por rincones.

La decisión de trabajar de forma individual o en grupos reducidos se toma de manera consensuada, teniendo en cuenta el nivel de madurez y experiencia de los alumnos en cada curso. En 1º de primaria, optamos por grupos de máximo tres personas para fomentar la concentración y minimizar posibles conflictos. En 2º, al observar una mayor capacidad para trabajar de manera colaborativa, ampliamos el tamaño de los grupos a cuatro personas, favoreciendo así la interacción social y el aprendizaje conjunto a través de los juegos y actividades disponibles en los rincones.

¿CÓMO ORGANIZAR EL HORARIO?

La organización del horario es una tarea que requiere cuidadosa reflexión. En primer lugar, se prioriza la distribución de las sesiones según las especialidades, procurando agrupar dos clases consecutivas de la misma materia para respetar los distintos ritmos del aula con mayor facilidad. Una vez establecido el horario, se revisan minuciosamente las horas en las que el personal de Pedagogía Terapéutica y Audición y Lenguaje intervendrá en el aula, asegurándose de equilibrar los apoyos en todas las materias.

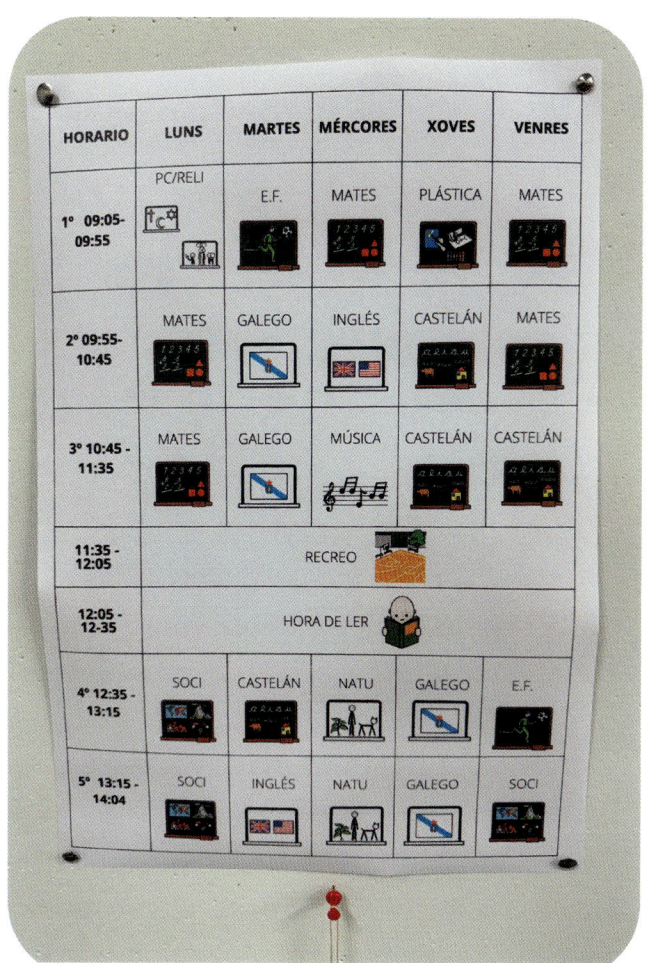

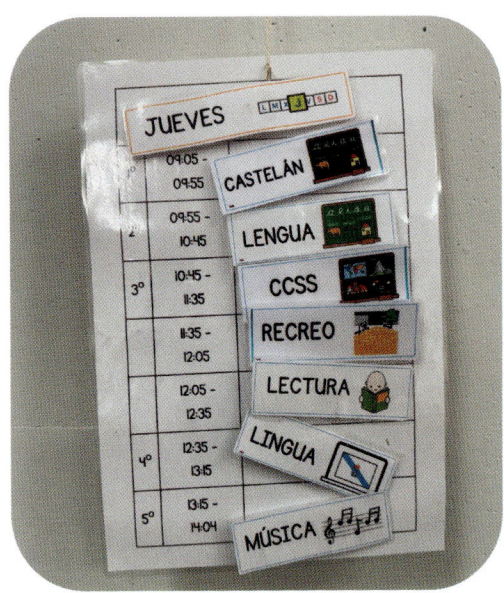

una actividad esperando que dure una hora y se ha completado en tan solo cinco minutos? ¡A mí me ha pasado! Del mismo modo, es posible que me ocurra lo contrario. Por tanto, ante cualquier cambio repentino, se ajustan las actividades o se compensan las horas "perdidas" en una materia modificando ligeramente el horario.

¿Cómo nos enfrentamos a estos cambios? De ser un cambio previsto los hablamos a primera hora de la mañana cuando colocamos el horario del día, de ser una modificación que surge durante la mañana, yo como maestra explico el cambio y la alternativa para ese día.

Es importante mencionar que, si bien se respeta el horario establecido, se permite cierta flexibilidad. Cada semana en el aula puede deparar celebraciones inesperadas, conmemoraciones especiales o imprevistos en la planificación. ¿Quién no ha planeado alguna vez

¿CÓMO ESTRUCTURAR LAS SESIONES?

En nuestra aula empleamos zapatillas, por lo cual, a primera hora, de cara a realizar una entrada amable al colegio, dejamos los abrigos y nos ponemos las zapatillas para empezar con la actividad denominada **"Los encargados".** Esta propuesta consta de un cartel con tareas diarias que requieren de autonomía y de responsabilidad individual y grupal. Cada estudiante debe de buscar su nombre en la lista de tareas y realizar esa actividad con la ayuda de los compañeros asignados.

◆ **En el aula de 1º son 10 las tareas que conforman "Los encargados".** Puesto que requiere un mayor esfuerzo comprender lo que tienen que hacer y aprender a hacerlo de modo autónomo. Al finalizar la tarea asignada el alumnado avisa al profesorado para que revise la actividad.

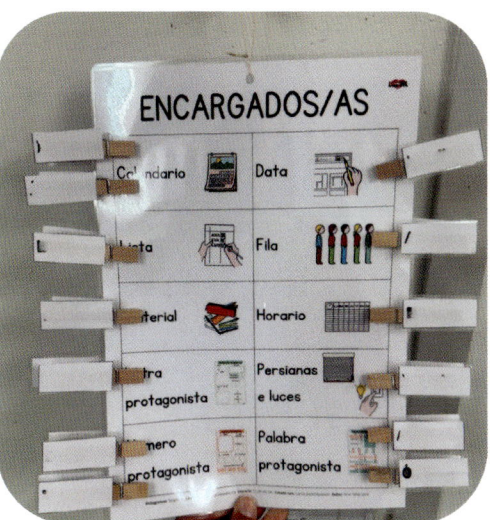

◆ **En el aula de 2° son 12 actividades,** un poco más complejas, ya que los estudiantes conocen el funcionamiento y comprenden con mayor facilidad el contenido, creando así grupos de trabajo más pequeños y específicos. De nuevo, al acabar la tarea, avisan al profesorado para su corrección.

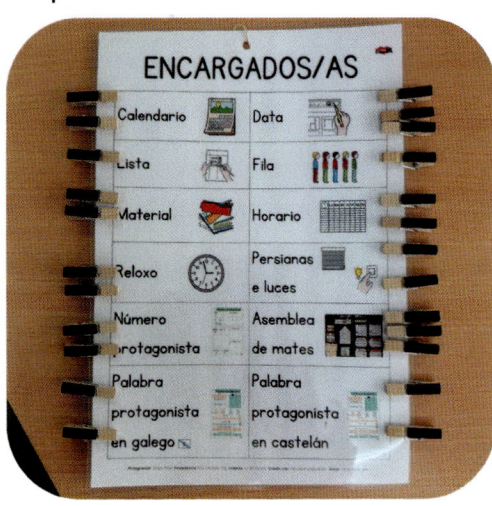

Todos los días se cambia la asignación de tarea, por lo que al final del mes todo el alumnado ha pasado por todos apartados con diferentes compañeros.

Las actividades propuestas en "Los encargados" son multinivel, esto quiere decir, que la estructura es fija pero el contenido se regula según escojan los estudiantes que participan en esa actividad. Este tipo de actividades facilitan el apoyo individualizado, la observación y el registro de dificultades y potencialidades de cada estudiante.

¿Qué sucede al acabar la tarea correspondiente? Es lógico que cada grupo finalice en diferentes tiempos, ya que no todas las tareas presentan la misma complejidad. Por este motivo, al acabar la actividad asignada, el alumnado trabaja en el rincón de matemáticas; con los compartimentos de numeración, descomposición, operaciones y resolución de problemas.

Este rincón es de trabajo autónomo, con guía del profesorado y lo realizamos de modo individualizado o en pequeños grupos, cumpliendo con las normas del rincón. La elección de enfocarnos en el trabajo de matemáticas se debe a la necesidad de practicar la numeración, el cálculo mental, las operaciones y la resolución de problemas de manera diaria. El trabajo relativo a las lenguas se aborda en diversas áreas a lo largo de la jornada, sin embargo, es posible que el contenido matemático no se repase con la misma frecuencia.

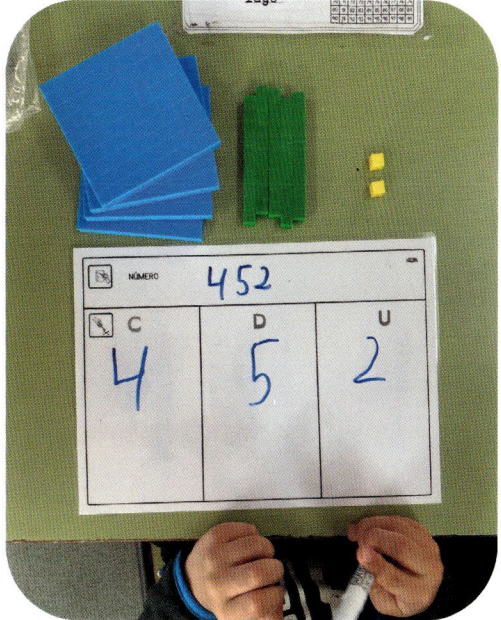

Una vez se han acabado y revisado todos los encargados, comenzamos con las actividades programadas. Explicación en gran grupo o en las estaciones, guía visual en la pizarra, correcciones y rincones.

Para finalizar este apartado, a lo largo de la mañana realizamos tareas más sencillas, que finalizamos con trabajo por rincones combinados con proyectos más complejos, que requieren que investigación y una ejecución más completa. Al realizar estas tareas, que exigen una mayor concentración, empleamos los descansos activos, siendo estos, actividades breves que demandan movimiento corporal, por ejemplo: juegos de percusión corporal, juegos de imitación, Simón dice, baile de una canción... Pequeñas actividades que permitan romper con la monotonía, mejorar las funciones ejecutivas, activarse y volver a trabajar con un mayor grado de concentración.

¿CÓMO SOBREVIVIR A LOS PRIMEROS DÍAS EN EL AULA?

El día a día en un aula de primer ciclo es intenso, sobre todo, al principio. La elaboración de material es un proceso que conlleva horas de trabajo, y que tiene que compatibilizarse con las propias tareas del aula. El primer paso que debemos dar es crear una evaluación inicial en papel, acompañada de una serie de actividades que se puedan realizar con el conjunto del aula. Con estas actividades el objetivo que se persigue es crear un registro observacional del alumnado, para poder seleccionar el primer material que va a ser necesario en el aula. Para ello, las nuevas tecnologías pueden ser un gran aliado durante los primeros días de clase: por ejemplo, empleo de Genially para juegos o emulaciones de concursos de televisión, actividades de páginas específicas para la docencia de las matemáticas o de

las lenguas como Actiludis o Siembraestrellas, juegos de mesa sencillos, charlas en gran grupo, dinámicas para conocer a los estudiantes, entre otros recursos...

El segundo paso se corresponde con la creación de grupos que faciliten la organización del aula. Una vez que se haya creado este registro, conociendo un poco más al alumnado, es más sencillo formar grupos multinivel en los que se puedan ayudar entre ellos para la realización de las actividades. A modo de ejemplo, una característica a tener en cuenta para la preparación de material es que a las aulas de primero llega un número de alumnado capaz de leer y escribir, pese a que la lectoescritura no es un requisito de la etapa de infantil, si no un estadio de aprendizaje en primaria. Del mismo modo, en lo que concierne a la enseñanza de las matemáticas, son relevantes conceptos como la comprensión lógico-matemática o el cálculo mental, aunque principalmente se evalúe el conocimiento del conteo.

El tercer y último paso de estos primeros días hace referencia a la prioridad de la elaboración del propio material. En mi experiencia, en lo referido a la enseñanza de las lenguas y basándome en los hitos del desarrollo del lenguaje, procuro buscar actividades de conciencia fonológica, acompañados de

juegos de presentación de las letras para ir trabajando la asociación fonema -grafema.

Por otro lado, en el campo de las matemáticas, trato de comenzar con actividades de numeración, conteo y descomposición basadas en metodologías manipulativas.

ENSEÑANZA DE LAS MATEMÁTICAS

Algoritmo Basado en Números, en adelante ABN, es un método de enseñanza de las matemáticas basado en el empleo de algoritmos abiertos y en números, en contraposición a la enseñanza tradicional que está basada en cifras. El método ABN tiene como principio la comprensión de la numeración para facilitar el cálculo sin soporte de lápiz y papel. Se rige por el empleo de rectas y tablas numéricas, estos materiales facilitan el conteo de 10 en 10 y las relaciones entre números, además, favorecen la visión la imagen mental de los recursos de cara a un cálculo más natural y simplificado, permitiendo a cada estudiante resolver las operacio-

nes de múltiples formas (Martínez & Sánchez, 2019).

Recursos de ABN que empleamos en nuestra aula:

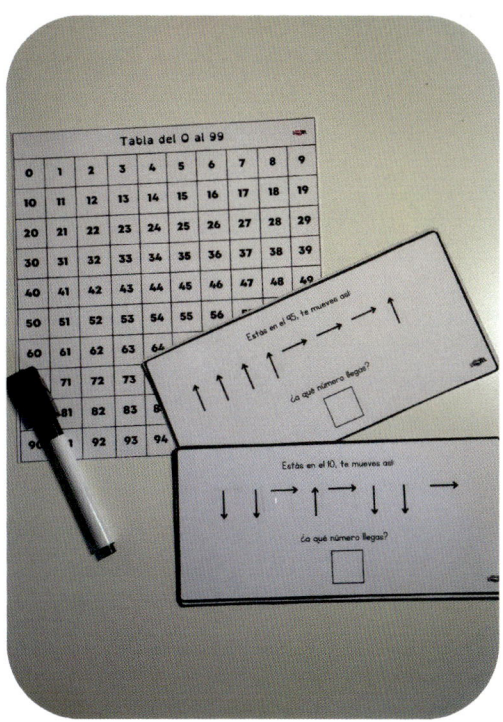

TABLAS DEL 100 Y EL PANEL NUMÉRICO

Empleamos las **tablas del 100 y el panel numérico** para aprender el conteo y la composición mental de cada tabla, permitiendo una imagen visual de la numeración, facilitando la descomposición numérica y el cálculo mental.

Acompañando a este recurso, empleamos las **casitas de los números**, clasificando cada familia en su casita, de cara a mejorar la comprensión de las decenas y la numeración.

DESCOMPOSICIÓN NUMÉRICA

La **descomposición numérica** en ABN además de ser visual debe de ser manipulativa, por eso complementamos la numeración y descomposición con palillos, de modo individual para las unidades, en grupos de 10 agarrados con una goma roja, para las decenas y en grupos de 100 agrupados con una goma verde para las centenas.

CRUCINÚMEROS

Otro recurso que triunfa en nuestra clase son los **crucinúmeros** que facilitan el cálculo mental y el cambio de decena, a través de la colocación de números por familias, vecinos y amigos, sumando y restando de 1 en 1 y de 10 en 10.

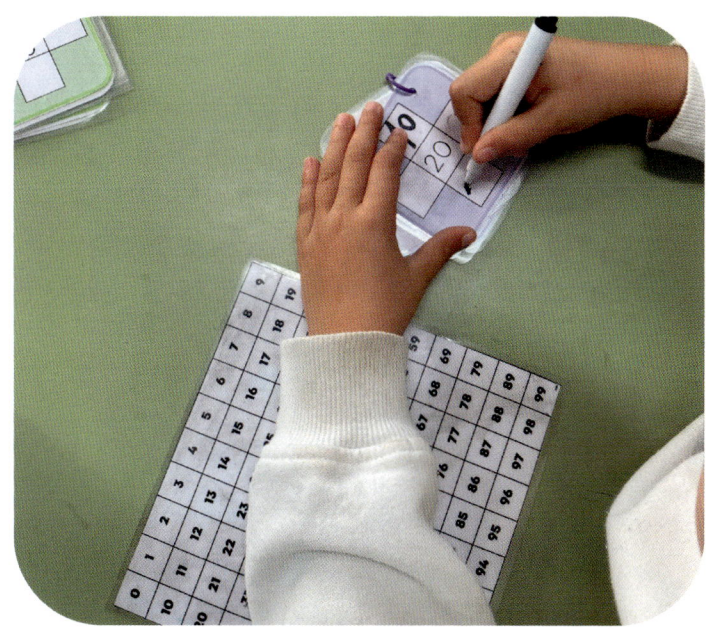

LAS CASITAS DE DESCOMPOSICIÓN

Las usamos para el reparto irregular y la asimilación del concepto de número. El funcionamiento es el siguiente, se selecciona un número y se buscan dos números que sumados compongan el de la casita. En 1º comenzamos con unas bandejas y piedras que nos ayudaban a ir dividiendo el número en dos partes, siempre con números hasta el 10 para que entendieran bien el concepto, de modo que pudiéramos emplear de modo paralelo las regletas Cuisenaire. A medida que fue avanzando el curso, aumentamos la numeración y acompañamos la casita de descomposición de la casita de los adosados para complementar la descomposición irregular de la descomposición en unidades y decenas. En 2º continuamos trabajando con esa metodología, ampliando a las centenas e incluso a las unidades y decenas de millar a aquellos estudiantes que estaban preparados para ello.

manipulativos, el trabajo autóno-mo y cooperativo (OAOA, 2018).

A finales de 2º de primaria nos iniciamos en la multiplicación con las tablas de multiplicación.

La metodología Otros Algoritmos para las Operaciones Aritméticas, en adelante OAOA, pretende transformar la enseñanza de las matemáticas en todo lo relativo a la enseñanza lógico – matemática: numeración, cálculo, medida, estadística, azar, probabilidad... Mediante el empleo de materiales

REGLETAS CUISENAIRE

Algunos materiales que acompañan en nuestras sesiones de numeración, conteo y operaciones en el inicio de 1º de primaria son las **regletas Cuisenaire** y los policubos, que acompañados de las casitas de los números y de las de descomposición, nos ayudan a crear equivalencias de manera muy visual y a iniciarnos en la suma y la resta.

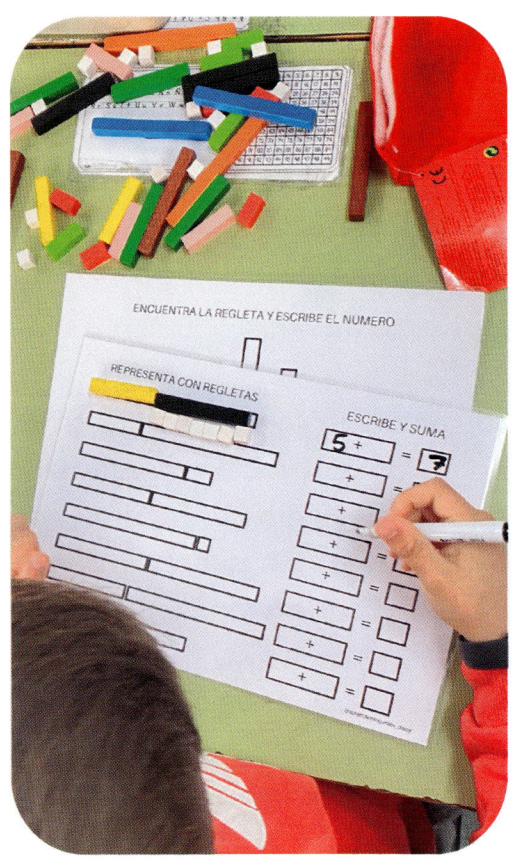

En lo relativo a la geometría empleamos los bloques lógicos el geoplano y el tangram para acercarnos a las figuras geométricas. Este material lo acompañamos de tarjetas y cuadros de doble entrada para clasificar las figuras y de juego libre para la experimentación.

Esta actividad de los **bloques lógicos** la usamos para trabajar la clasificación, encima de las mesas, el alumnado tiene que discurrir diversas formas de clasificar las formas geométricas: por color, tamaño, forma, grosor...

Los **geoplanos** nos sirven para el repaso de los conocimientos de las formas geométricas, nos permiten crear figuras y contar sus lados y sus vértices. Acompañado de este material, empleamos tarjetas que nos ayudan a aprender el nombre de las formas y crearlas con plastilina y palillos, que facilitan la diferenciación del concepto de líneas y vértices.

NÚMERO PROTAGONISTA

El **número protagonista** se realiza en el aula a diario, a la hora de "Los encargados". Se trata de un panel en el que el alumnado tiene que realizar diversas actividades sobre el número que seleccione. Tenemos dos paneles el de 1º de primaria compuesto por selección del número y su escritura, colocación en el panel, asociación a cantidad, dibujo para descomposición en unidades, decenas y centenas, vecinos del número, mayor y menor que y casita de descomposición. En 2º, el panel está compuesto por la selección del número y su escritura, par o impar, vecinos, dibujo para descomposición en unidades, decenas y centenas, mayor y menor que, elaboración de una suma y una resta, casita de descomposición y creación de series.

TANGRAM

El **tangram** ayuda a mejorar el conocimiento espacial mientras creamos figuras con elementos geométricos. En un primer momento, el alumnado tiene que imitar las figuras que aparecen compuestas por formas de diferentes tamaños y colores, creando la misma figura, en la que se observa claramente las piezas que la componen. Avanzando en el contenido, en un segundo lugar, se les entrega una figura unicolor, para que busquen las piezas que la forman sin tener la guía, las tarjetas son autocorrectivas facilitando el aprendizaje autónomo.

Además del empleo de estas metodologías, los contenidos de matemáticas son amplios por lo que empleamos otros recursos manipulativos para acompañar estos enfoques o para complementar otros contenidos. Entre ellos destacan: las perlas Montessori y las regletas de base 10 que usamos como recurso manipulativo para la descomposición numérica. Las tarjetas con adivinanzas para la numeración, descomposición y comprensión. Las pirámides de ABN como refuerzo de las operaciones matemáticas sencillas y el cálculo mental.

Tarjetas con adivinanzas

Otro recurso útil para aprender la numeración y el conteo, que permite atender la diversidad en el aula es el **Libro de los números**, un libro de elaboración propia disponible en Arasaac, guiado con pictogramas y que sigue siempre el mismo esquema, para facilitar el aprendizaje autónomo.

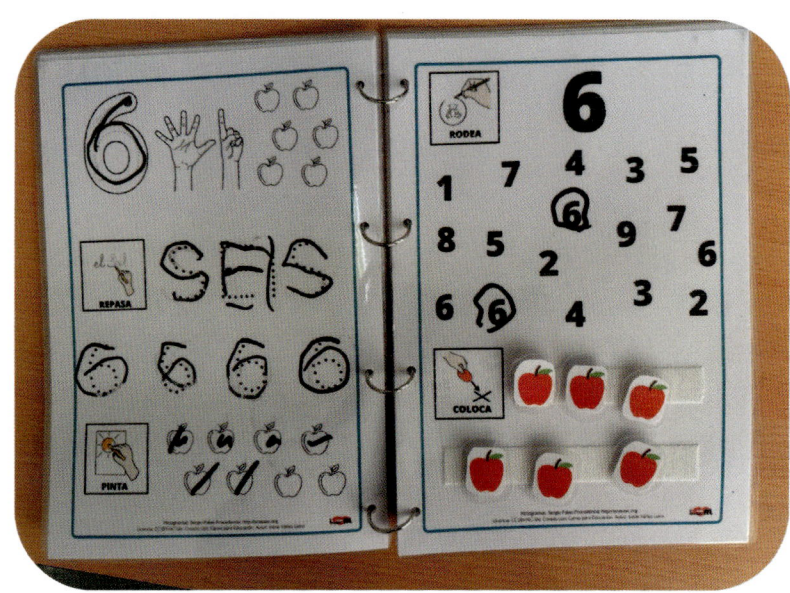

El aprendizaje de las **horas** es un contenido que se suele hacer arduo durante el primer ciclo de educación primaria, por ese motivo en el aula, tenemos recursos variados de empleo individual, por parejas o por equipos: sellos del reloj, tarjetas con las horas autocorrectivas, relojes de madera, juegos de memoria, cambio de hora digital a hora analógica...

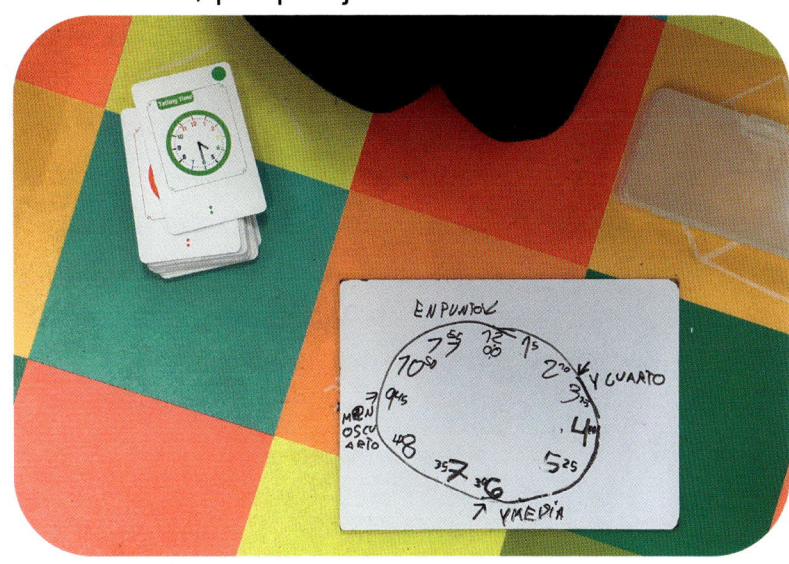

¡CON EL DINERO SÍ SE JUEGA!

El contenido que siempre triunfa en nuestra aula es el aprendizaje de los euros, comenzamos hablando de las monedas de diferentes países y explicando diferencias y similitudes. Este apartado lo acompañamos de una asamblea en la que el alumnado participa trayendo alguna moneda de otros lugares que han visitado o que les hayan regalado. Al pasar a los euros empleamos réplicas de todas las monedas, introducimos el concepto de euro y de céntimo de cara a poder crear equivalencias sencillas. Las primeras actividades las elaboramos en pequeños grupos con tarjetas para formar las cantidades que nos indican de diferentes modos, tarjetas de rodear la cantidad solicitada, tarjetas de mayor que, menor que, menor que e igual... Un acercamiento al concepto de cantidad que va incrementando su dificultad con juegos de supermercado, en que se compran y venden alimentos, hasta llegar a un proyecto de creación de un menú y un ticket de compra, actividades del día a día que facilitan la asimilación de conceptos y el aprendizaje significativo.

ENSEÑANZA DE LAS LENGUAS

La enseñanza de las lenguas, en nuestro caso lengua castellana y lengua gallega, la realizamos a la par, intentando no duplicar los contenidos y dándole un carácter globalizador, en el que los aprendizajes sean significativos para ambas lenguas. Por supuesto, siempre hay puntualizaciones que son necesarias, puesto que cada lengua tiene sus peculiaridades.

De modo general, realizamos actividades relativas a la conciencia fonológica, silábica y semántica, la conversión fonema grafema, las primeras reglas de ortografía, el aumento de vocabulario y la estructuración sintáctica. Para ello, nos guiamos de las investigaciones de Palazón (2022) y de los materiales del blog Siembra Estrellas.

La conciencia fonológica la trabajamos de la mano de la asociación fonema grafema (sonido-letra) que se denomina principio alfabético, siendo el primer paso de la iniciación a la lectoescritura.

ARTÍCULEMAS

Una idea para trabajar los conceptos previos a la lectoescritura son los **artículemas,** unas tarjetas con la forma de la boca que nos permiten mostrar la zona articulatoria de cada fonema para ir asociando a diferentes imágenes. Estas tarjetas, disponibles en Siembra Estrellas, las empleamos, de ser necesario, para trabajar las habilidades fonológicas previas a la lectoescritura.

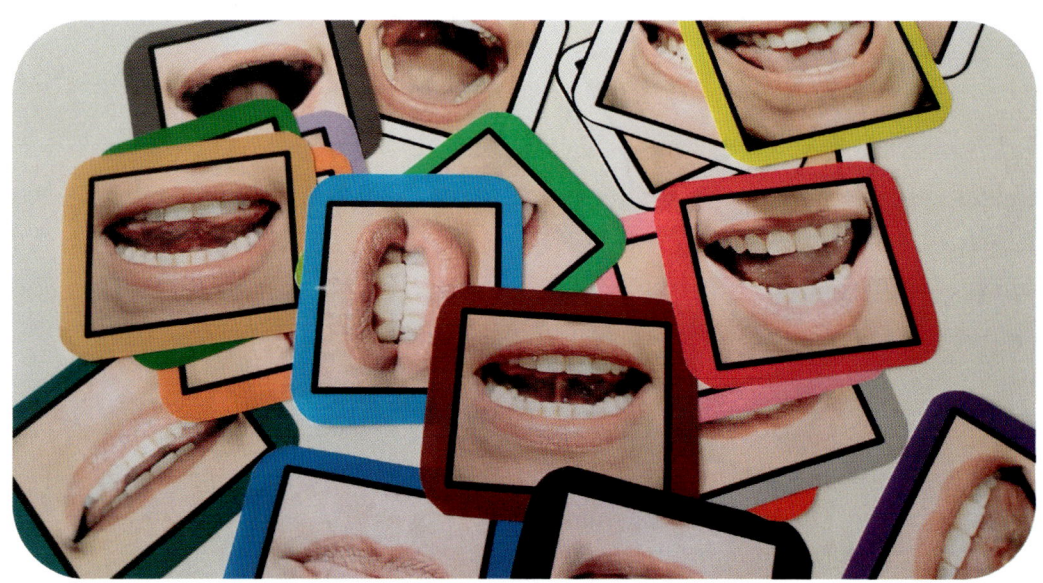

Artículemas del blog Siembraestrellas

Algunas de las actividades de nuestra aula son las siguientes:

La **caja de sonidos Montessori** se trata de una caja, en la que están representadas las letras del alfabeto por su fonema, por lo que en un cajón pueden aparecer más de una letra. Esto nos lleva a trabajar con sonidos, no con el abecedario, ya que los nombres de las letras no nos facilitan su aprendizaje en la lectura. La caja se emplea con miniaturas que se han de clasificar por su sonido inicial, favoreciendo así la asociación de la letra con su sonido.

Siguiendo esta metodología, en 1º de primaria empleamos la **letra protagonista**, una actividad que desarrollamos todos los días. Se trata de un cartel en el que se coloca una tarjeta que evoca un sonido similar al fonema a tratar y los grafemas en mayúscula y minúscula que representan ese sonido. El alumnado también tiene escribir 2 veces cada letra y buscar 3 palabras que comiencen por ese sonido, pudiendo escribirlas o dibujarlas. Este material se puede acompañar del **Libro de las letras** un libro que también es de elaboración propia y está disponible en Arasaac, que emplea los mismos dibujos para asociar las letras a un sonido. Este libro permite trabajar en la modalidad DUA, ya que para los estudiantes que presenten dificultades se trata de un trabajo muy guiado, que sigue la rutina de aula y que está siempre estructurado del mismo modo, siguiendo las mismas pautas que *El libro de los números* mencionado en el apartado de matemáticas.

PALABRA PROTAGONISTA

La **palabra protagonista** es otro material que realizamos a diario, sigue el mismo esquema que la letra protagonista, para facilitar la ejecución. En ella el alumnado tiene que seleccionar una palabra, escribirla en mayúsculas y minúsculas, contar las letras y sílabas, buscar y escribir 3 palabras que comiencen por la misma letra y otras 3 que comiencen por la misma sílaba. En 2º de primaria complicamos esta tarea añadiendo actividades: escribir una oración, escribir palabras del mismo campo semántico, incluimos sinónimos, antónimos y tipos de palabra. Esta actividad sigue la metodología DUA puede simplificarse, eliminando algunos apartados o empleando material alternativo para aquel alumnado con necesidades, como se puede ver en las imágenes.

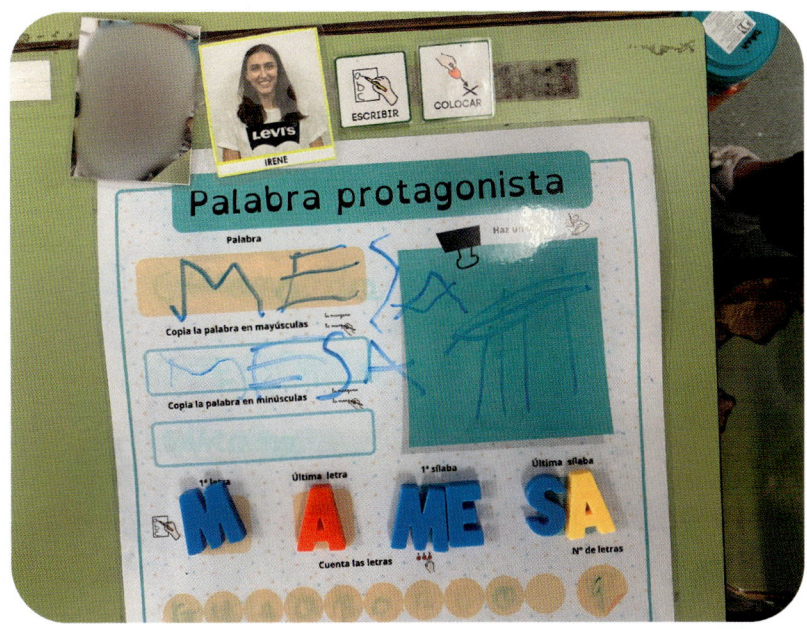

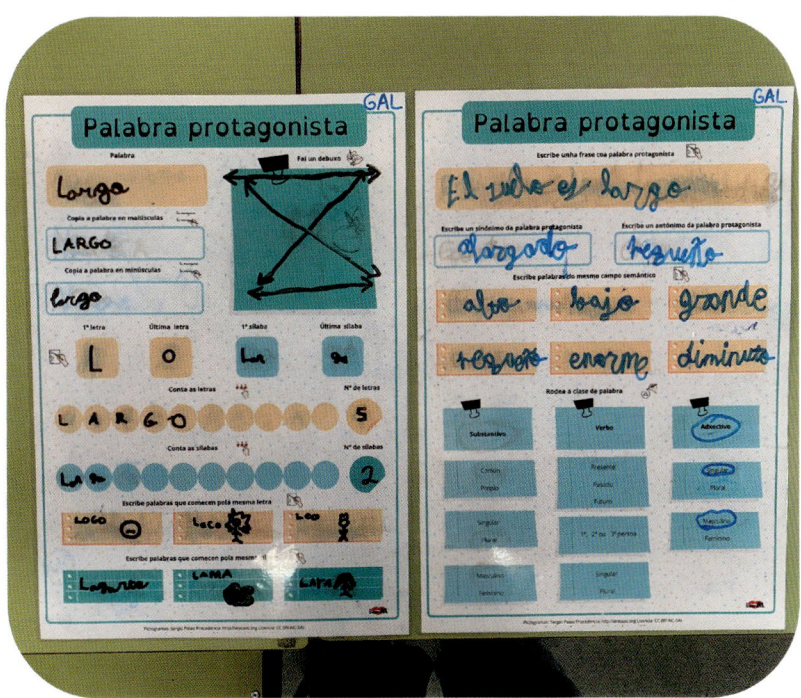

Las **tarjetas de la palabra secreta** para trabajar la conciencia fonémica, en las que el alumno/a tiene que escribir la primera letra de la palabra que representa cada pictograma. Al escribir las letras iniciales de todos los pictogramas de la tarjeta descubriremos la palabra secreta que estaba "escondida" tras las iniciales de cada uno.

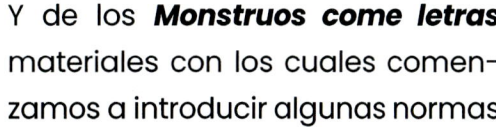

ABECEDARIO DE CONCIENCIA FONOLÓGICA MONSTRUOS COME LETRAS

Iniciación a las reglas ortográficas básicas de la mano del **Abecedario de conciencia fonológica.**

Y de los **Monstruos come letras** materiales con los cuales comenzamos a introducir algunas normas ortográficas básicas, como diferencia de B y V, de C y QU, de G y J... Ambos son materiales con pictogramas que se han de colocar según la letra por la que comiencen. Estas actividades se complementan con otras similares de conciencia silábica, para continuar con el desarrollo del proceso lectoescritor.

Otros juegos que triunfan en el aula para trabajar el principio alfabético son le Grabolo o alguna adaptación similar y el juego del Stop o Tutifruti, el Slapzi o el Carrera de Letras. Continuando con el desarrollo del proceso lectoescritor, en el aula tenemos material manipulativo de lectura de palabras, como los cuadernos de Mans de Ouro, en los cuales descubrimos el vocabulario de los objetos que empleamos cotidianos, para conectar la lectura con actividades de nuestro día a día. En este sentido, también triunfan los juegos de escritura constructivista como las letras móviles, los tableros estilo Scrable o Bananagrams.

ESCRITURA EN LA LIBRETA O EN FOLIO

Las actividades orales y manipulativas las acompañamos de **escritura en la libreta o en folio**, escribiendo las palabras que clasificamos. A medida que se avanza en la escritura de palabras iniciamos la escritura de oraciones.

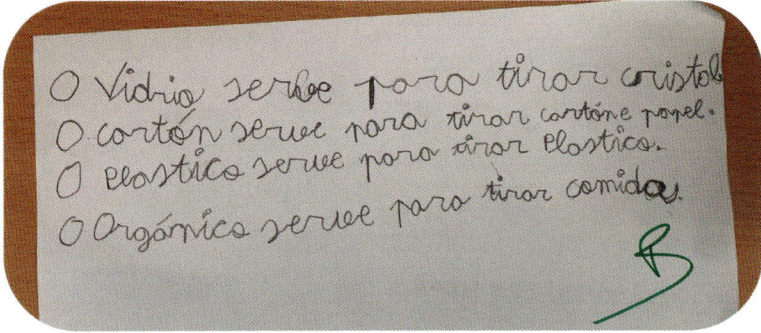

De cara a trabajar la separación de palabras utilizamos una metodología similar a la anterior, la escritura con apoyo manipulativo. Las actividades que incluimos en el día a día de aula son: la de descripción de imágenes dadas, la escritura autónoma con dados o tarjetas cuenta historias, los tableros de escritura creativa, las tarjetas de ordenar palabras para formar oraciones, tarjetas de escritura creativa...

¿QUÉ HACE IRENE?

Uno de los materiales estrella del aula de 1º es el juego **¿Qué hace Irene?** El juego está basado en contestar a la pregunta colocando las tarjetas en el panel correspondiente contestando a las preguntas ¿quién? ¿qué hace? ¿qué? y ¿dónde? Este material tiene un doble propósito. Por un lado, comenzar con el desarrollo morfosintáctico para ir elaborando oraciones cada vez más complejas y mostrar la correcta separación de las palabras. Por el otro lado, trabajar la comprensión, dando estrategias sobre las preguntas qué realizar y la respuesta que se obtiene. Esto, aunque en un primer momento parezca poco útil, se vuelve realmente importante en el momento que se va a evaluar la comprensión lectora.

Los profesores tendemos a evaluar la comprensión lectora con actividades como la lectura de oraciones o de textos sin dar estrategias necesarias. Basándome en Ripoll (2019), la comprensión lectora se trabaja a través de sus componentes: conciencia fonológica, asociación fonema–grafema, fluidez lectora, morfología, vocabulario, lectura asistida y compartida, desarrollo de la morfología, localización de palabras clave, autoinstrucciones, resúmenes, localización de oraciones en el texto... De cara a trabajar todos estos componentes empleamos **materiales manipulativos** de colocación de palabras clave, lecturas cortas con apoyo visual para ir colocando las respuestas, guía con preguntas para poder subrayar en el texto, emparejamiento del texto con imágenes, resumen de un texto, dibujo sobre el contenido de una oración o pequeño texto...

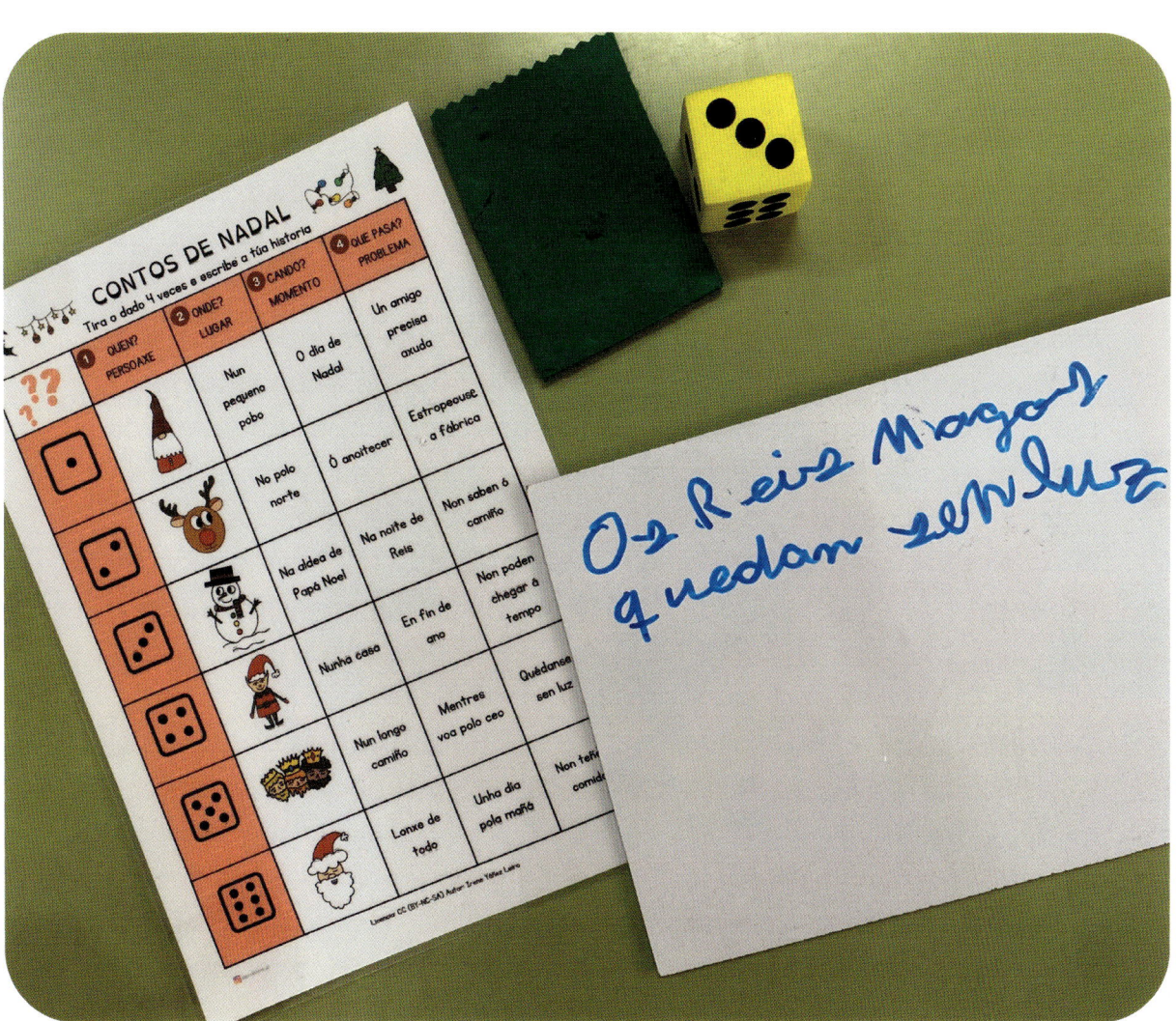

89

CREACIÓN DE UN MENÚ

En paralelo a la enseñanza de la lectoescritura, trabajamos vocabulario, signos de puntuación e introducimos conceptos como los tipos de palabras, los sinónimos y antónimos, aspectos gramaticales básicos... Todo esto va abriendo camino a la creación de cómics, descripciones, pequeñas historias y cuentos.

La creación de este contenido más complejo requiere una explicación y ejemplificación por parte del docente. En nuestra aula, solemos comenzar con una presentación del contenido, en el que el alumnado tiene que reflexionar sobre la tipología de textos antes de enfrentarse a su creación. Una propuesta que ha encantado en el aula fue la de **creación de un menú**. Para ello, comenzamos enseñando fotografías de menús sin texto o en otros idiomas y reflexionamos sobre la importancia de la disposición de los elementos, la no necesidad de comprender el significado para averiguar de que tipo de texto estábamos hablando, de las diferencias entre una carta y un menú del día, de la relevancia de los aspectos no verbales... A continuación, por equipos decidimos que tipo de menú se iba a elaborar, una carta o un menú del día, colocamos las pautas para escribir y decidimos los platos de nuestro menú, intentando que fuera lo más saludable posible. Finalmente, una vez estaba todo escrito, por grupos acudieron al rincón de la cocina del aula y recrearon el menú con los alimentos. Esta actividad, además de ser muy motivadora, nos sirvió para razonar sobre los tipos de textos y relacionar esta información con nuestro día a día.

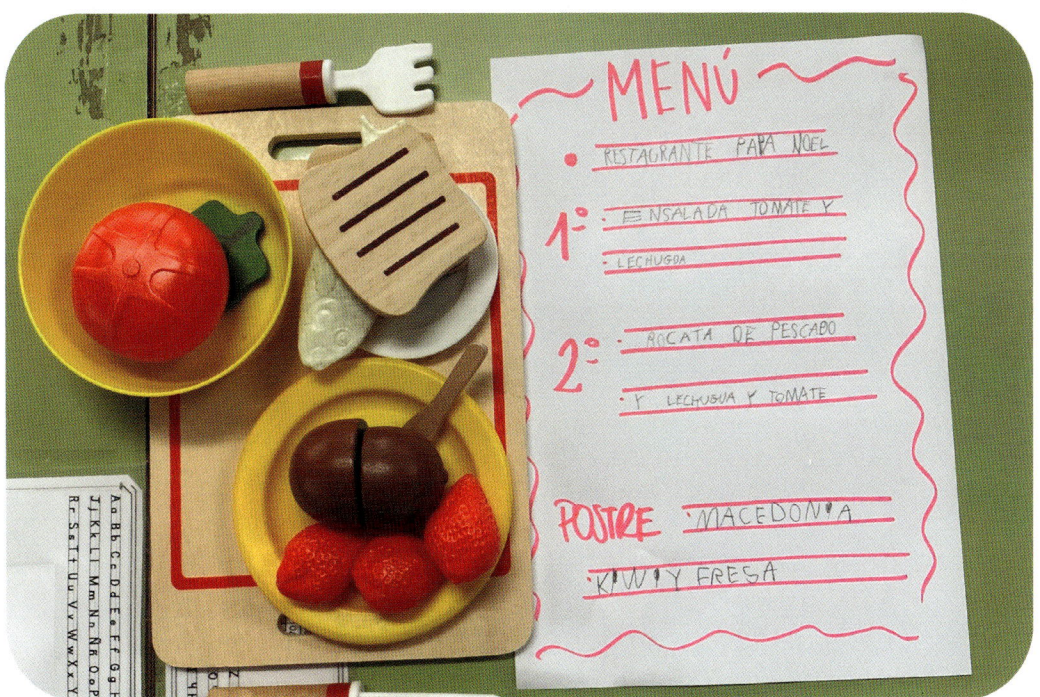

ENSEÑANZA DE LAS CIENCIAS

El currículo de las ciencias sociales y naturales refleja la importancia de la transversalidad y el carácter investigador de estas áreas. Por eso, desde nuestra aula, trabajamos con metodologías activas que fomenten la observación sistemática, la experimentación y la planificación de hipótesis, como iniciación al método científico. El acercamiento a la cultura científica permite que el alumnado adquiera conocimientos, habilidades y actitudes que asientan la base del pensamiento crítico.

Las actividades de indagación, con libros informativos y de no ficción, apoyadas en materiales manipulativos nos permiten crear un trabajo interdisciplinar. Bajo este enfoque es realmente importante la comprensión, el manejo de textos escritos, la capacidad de reflexión y la resolución de conflictos. Las propuestas del aula van encaminadas a la adquisición de los objetivos de desarrollo sostenible y la ciudadanía global, para que los estudiantes valoren el mundo en el que viven y aprendan a cuidarlo y respetarlo.

A lo largo de los cursos, hemos creado diferentes propuestas que nos permiten acercar el contenido curricular a nuestro día a día. Para ello, investigamos a través de diversos proyectos, aquí os dejamos algunos de nuestros preferidos.

¡Somos Paleontólogos!

Esta propuesta ha formado parte de un proyecto más amplio sobre el paso del tiempo, ya que nos suscitó una gran curiosidad la vida de los dinosaurios y como estos se extinguieron.

En un primer momento, como profe, les creé una pequeña presentación para iniciar el tema y les busqué material adaptado a su edad sobre los dinosaurios; con libros informativos en los que podían encontrar datos sobre los dinosaurios, así como algunas tarjetas con pequeños resúmenes y vocabulario. Esto sirvió de base para que cada equipo presentara a sus

compañeros la información que había aprendido. Esto se realizó en la asamblea y de forma conjunta.

El proyecto continuó con la investigación paleontológica en grupos, cada grupo disponía de una caja con tierra y restos de dinosaurio y una pequeña muestra de herramientas adaptadas. El objetivo principal era cubrir los datos de nuestro estudio paleontológico para el cual cada discente disponía de un cuaderno de anotación. Los estudiantes fueron desenterrando los restos con la ayuda de pequeñas palas y pinceles, a la vez que dibujaban las partes que iban hallando y las colocaban en una bandeja para su posterior análisis. A continuación, con las partes encontradas, cada grupo formó su esqueleto. Una vez estaba preparado, por grupos revisaron en los libros de investigación del aula con el objetivo de recopilar la información necesaria para crear la ficha técnica del dinosaurio. Finalmente, los restos de dinosaurio se expusieron en la clase y cada grupo explicó a los compañeros/as su investigación.

¡TRABAJAMOS LOS PLANETAS!

A lo largo de este proyecto trabajamos con diversos materiales manipulativos, los que se pueden ver en las imágenes, para indagar sobre nuestro sistema solar. Iniciamos el proyecto escuchando una canción sobre los planetas, que nos iba explicando ciertas curiosidades y nos ayudó a conocer el sistema solar. A continuación, cada estudiante disponía de un cuaderno de anotación, en este caso del blog de A mestra Cris, que tendría que montar en el orden adecuado según la cercanía al sol. Acompañado de los materiales manipulativos, de libros de no ficción y tablas con la información, que yo misma elaboré, el alumnado tuvo que recopilar la información sobre cada planeta. Los estudiantes trabajaron en grupos colaborativos, a modo de tutoría entre iguales, para encontrar la información. Al finalizar el proyecto, cada alumno había confeccionado su propio libro sobre los planetas.

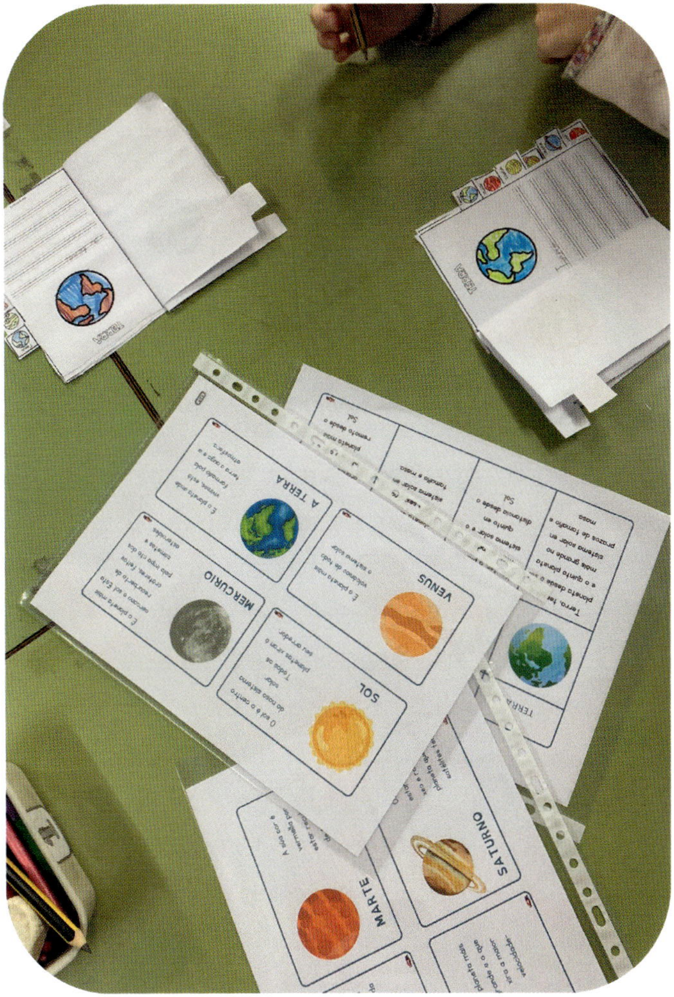

VENUS
Venus
Terra
Marte
Urano
Venus e o máis quente ten montañas e volcans xira en direccion contraria a terra
@amestracris

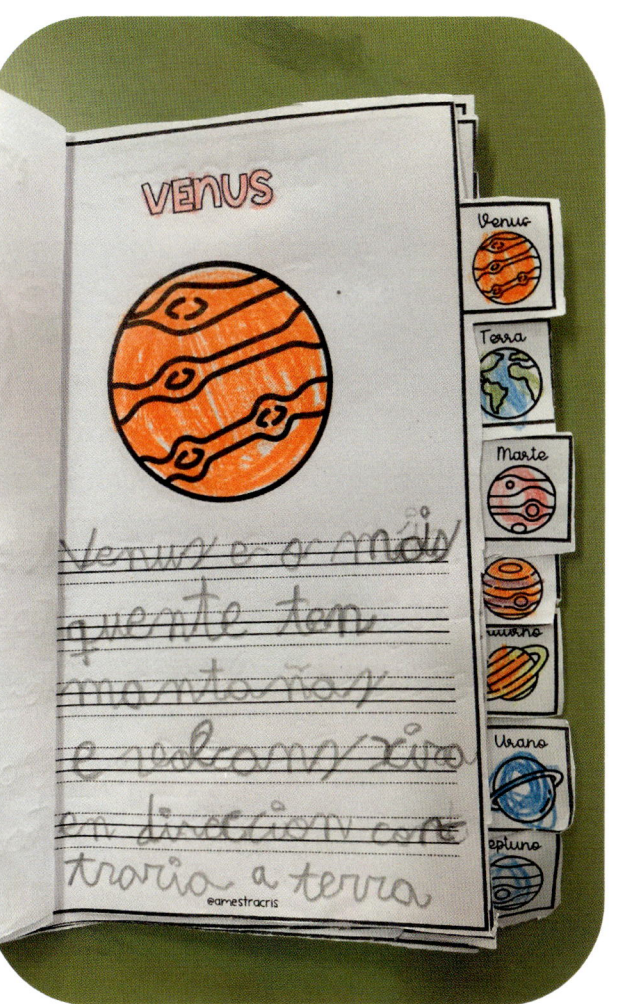

¡Vivimos en Sociedad!

Este proyecto fue interdisciplinar con la materia de matemáticas, ya que aprovechamos para trabajar el concepto de plano y la orientación espacial. Además, compartimos el proyecto con los compañeros y compañeras de la clase de 2º. Introdujimos el concepto de aldea, villa y ciudad a través de diferentes imágenes y comentadas en asamblea. Con estas ideas, fuimos creando una tabla con las diferencias entre cada una. Una vez que teníamos claro el concepto, por parejas decidieron si querían crear el plano de una ciudad, una villa o una aldea y comenzaron a dibujarlo.

De la mano de esta actividad, con la ayuda de nuestros compañeros y compañeras de 2º, en un papel continuo en el pasillo del centro, creamos una gran superficie para recrear los 3 conceptos. Con materiales reciclados, restos de otros proyectos del aula y rotuladores, creamos una gran maqueta de la ciudad, la villa y la aldea. De este modo, casi sin quererlo, nos metimos de lleno en el relieve, surgieron preguntas que nos llevaron a diferenciar los elementos naturales de los construidos y a ponerle nombre a los accidentes geográficos.

99

¿CÓMO ES NUESTRO CUERPO?

Este proyecto lo comenzamos en 1º de primaria, con los saberes básicos sobre el cuerpo humano y lo completamos en 2º de primaria, con la realización de un cuaderno sobre el cuerpo humano más complejo.

El proyecto comenzó con un Genially sobre los sentidos, en el cual el alumnado era el protagonista y a través de sus sentidos tenía que resolver el acertijo. De este modo, activamos los conocimientos previos y creamos una motivación para investigar sobre el cuerpo humano.

La primera actividad fue interdisciplinar con la materia de lengua gallega, ya que repasamos nuestros conocimientos sobre el cuerpo humano y el vocabulario correspondiente en gallego. Para ello, en grupos, seleccionamos a un compañero o compañera que sirviera de modelo para poder repasar el contorno de su cuerpo en un trozo de papel continuo. Una vez teníamos el perfil creado, en cada parte del cuerpo fuimos escribiendo el nombre para después clasificarlo en parte del cuerpo, articulación u órgano. Esta clasificación la realizamos subrayando las palabras según el código de color correspondiente. Una vez todos los grupos habían finalizado su actividad, se hizo una puesta en común para repasar los conceptos.

De cara a ampliar las partes del cuerpo ya conocidas, presentamos diferentes materiales manipulativos sobre el cuerpo humano: puzles, tarjetas, juegos de mesa, esqueletos, material de elaboración propia… Todo ello encaminado a la elaboración de un dibujo completo con las partes del cuerpo, sentidos, órganos y articulaciones.

En 2º de primaria, aprovechamos los juegos del curso anterior para crear unas estaciones de aprendizaje, que veréis en el capítulo siguiente. A partir de ellas, iniciamos la investigación con vídeos y libros de no ficción para completar, en gran grupo, el cuaderno de investigación sobre el cuerpo humano.

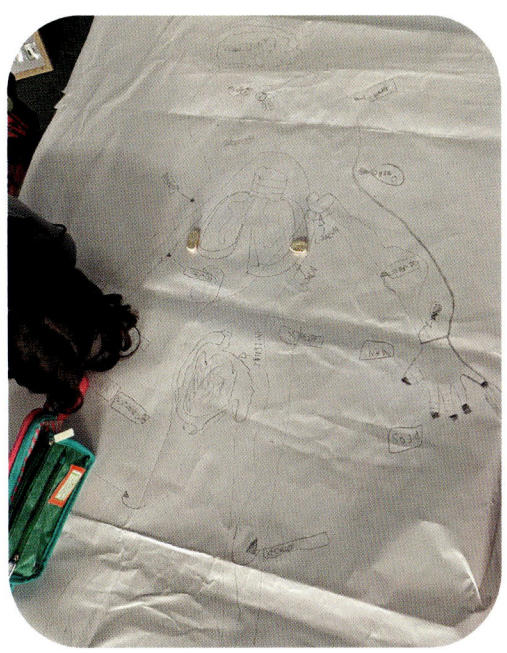

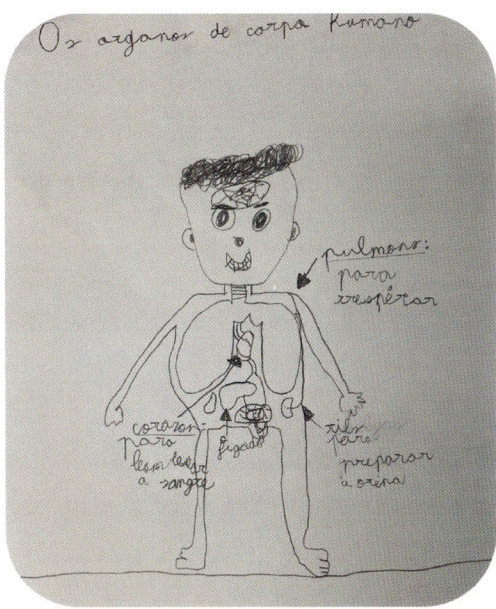

INVESTIGAMOS SOBRE LAS PLANTAS

Este proyecto comenzó con la pregunta: ¿Qué sabemos de las plantas? A partir de aquí surgió una conversación sobre las necesidades vitales de estos organismos, por lo que empezamos a plantear hipótesis que debían de ser resueltas. Comienza la investigación:

1º Escribimos lo que sabemos de las plantas.

2º Decidimos si plantamos habas o lentejas.

3º Redactamos los pasos que seguimos para plantar las semillas.

4º Según las características de nuestra plantación planteamos las diversas hipótesis.

5º Comienza el cuidado de la planta y la observación sistemática. En la hoja de registro vamos anotando la fecha, los cuidados y dibujando el proceso de la planta.

6º Pasadas un par de semanas en gran grupo compartimos nuestros hallazgos.

7º Tomamos nota del periodo de investigación, recogemos el resultado, analizamos las conclusiones y creamos un dibujo en el que se refleje todo el proceso.

TIPOS DE MEZCLAS: HOMOGÉNEAS Y HETEROGÉNEAS

Este último proyecto del capítulo surge tras el trabajo sobre las materias primas y los productos elaborados, ya que nos llevó a preguntarnos cómo se hacen las cosas, concretamente, hablando de materiales, un estudiante del aula quería saber cómo se obtenía el vidrio, ya que no es una materia prima. Esta pregunta nos dio pie a ver un vídeo en el que nos explicaban cómo se realiza el vidrio y a leer información sobre el tema. Así, comenzamos nuestra indagación. En primer lugar, preparé unos cuadernos sobre la materia, las substancias y las mezclas homogéneas y heterogéneas, para que, con la ayuda de un vídeo y un esquema, nos quedaran claros los conceptos. En segundo lugar, para reforzar estas nociones, en grupos colaborativos y de forma guiada, los estudiantes clasificaron alimentos del día a día en mezclas homogéneas y heterogéneas.

La **experimentación** ha sido un punto clave en la comprensión de este proyecto y sin duda, **la parte más divertida**. Una vez aprendimos a diferenciar los tipos de mezclas, empezamos a experimentar con diferentes substancias: café, infusiones, agua, sal, azúcar, colorante, cacao y legumbres variadas. Esta actividad se realizó por grupos colaborativos en los que disponíamos de recipientes con las substancias, probetas y matraces en los cuales realizar las mezclas. Cada grupo decidía que substancias mezclar, observaba el tipo de mezcla y lo registraba en su cuaderno. Esta iniciación a la indagación científica nos hace reflexionar sobre las pequeñas actividades del día a día y asienta las bases del pensamiento crítico.

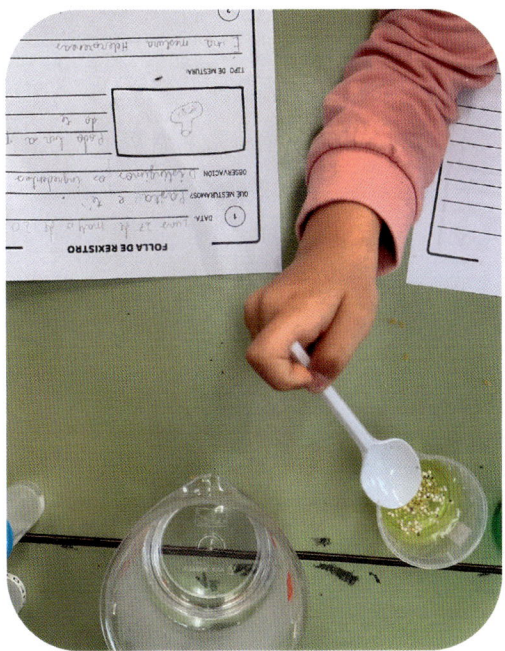
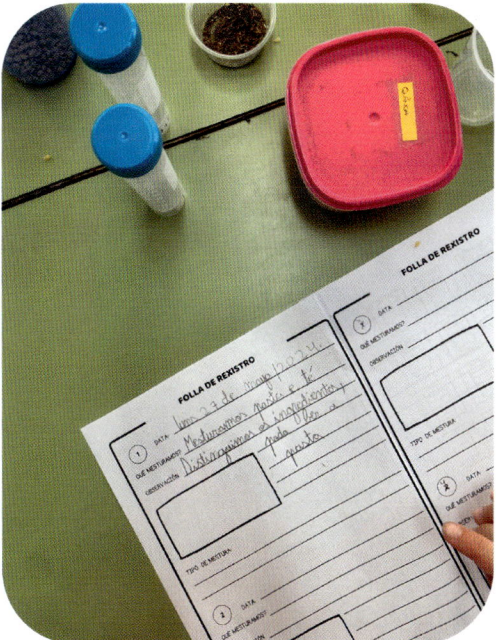

ESTACIONES DE APRENDIZAJE

Las estaciones de aprendizaje son parte de una metodología activa en la que el alumnado en pequeños grupos multinivel rota por diferentes actividades o propuestas. Esta forma de trabajar permite al docente individualizar el proceso de enseñanza y fomenta el aprendizaje autónomo, puesto que el docente se encuentra dando apoyo en una de las estaciones (Sabuco, 2021).

Las estaciones de aprendizaje permiten al alumnado interactuar entre ellos y solucionar los pequeños conflictos que surjan, así mismo, permiten nivelar las actividades en función de su dificultad y son un gran aliado para la evaluación de los estudiantes y propio proceso de enseñanza y aprendizaje.

¿CÓMO EMPLEAR LAS SITUACIONES DE APRENDIZAJE EN NUESTRA AULA?

✅ Deben tener un orden asignado y un tiempo limitado para poder facilitar al alumnado el cambio de estación.

✅ Deben de ser un recurso integrado en nuestra planificación.

❌ No se deben emplear para introducir nuevo contenido.

En nuestra aula creamos dos tipos de estaciones de aprendizaje, aquellas que nos sirven para trabajar todos los contenidos de una unidad de un modo más amplio y aquellas que empleamos para repaso de un contenido, de un proyecto o unidad en concreto.

¿CÓMO DISEÑAR LAS ESTACIONES DE APRENDIZAJE?

En un primer lugar, analizo estilo DAFO (debilidades, amenazas, fortalezas y oportunidades) cada actividad que quiero llevar a cabo en la sesión, para que todo el alumnado esté incluido, procurando crear en cada grupo una tarea de *"techo bajo y suelo alto"*, es decir, que el alumnado pueda seleccionar el nivel en el que trabaja. En este apartado es importante remarcar que no todas las actividades van a poder ser adaptables a todos los estudiantes, o de serlo, no van a ser funcionales o realmente útiles. Por ese motivo, en el caso de tener profesorado de apoyo dentro del aula, aprovechamos para trabajar esos contenidos con apoyo específico. De no ser posible la adaptación, creamos dichas estaciones en el momento que el alumnado con NEE sale del aula a trabajar otro contenido específico de forma individualizada.

En segundo lugar, tomo nota de las estaciones a realizar y el material necesario para cada estación, para poder marcar el tiempo que nos va a llevar cada actividad y crear una media para rotar.

Por último, en una plantilla creo un análisis de la estación de aprendizaje en la que voy a estar para poder crear el proceso de evaluación. En esta plantilla recojo el nivel de autonomía de la actividad, la descripción de la actividad, los contenidos y objetivos, las instrucciones, el material, el tiempo necesario y los instrumentos de evaluación. En el caso de disponer de profesorado de apoyo en el aula, se le explica el contenido de esta plantilla para poder crear dos estaciones con apoyo del profesorado.

Las propuestas empleadas en las estaciones están compuestas por materiales conocidos para el alumnado, siendo actividades o tareas con un esquema similar a otras realizadas, para que los estudiantes sean autónomos a la hora de trabajar.

Nuestras estaciones de aprendizaje varían entre 4 y 6 niveles de diferente complejidad o profundización del tema. Para controlar el tiempo de cada estación empleamos un cronómetro en la pizarra digital, así aprendemos a controlar el tiempo que necesitamos para finalizar una tarea. Las estaciones las realizamos juntando 2 sesiones, ya que se requiere un tiempo amplio para rotar por todas las estaciones y, en caso de no disponer de suficiente tiempo, las realizamos en dos días consecutivos. En la estación más compleja, es en la que me encuentro yo para dar el apoyo necesario, para evaluar el proceso de enseñanza-aprendizaje y al alumnado mediante un registro observacional.

EL CUERPO HUMANO

En las siguientes imágenes se pueden ver algunas de las estaciones de aprendizaje que creamos en las sesiones de ciencias naturales sobre el cuerpo humano:

◇ Cuadernos del cuerpo humano para escribir con rotulador de pizarra y con fichas plastificadas para colocar.

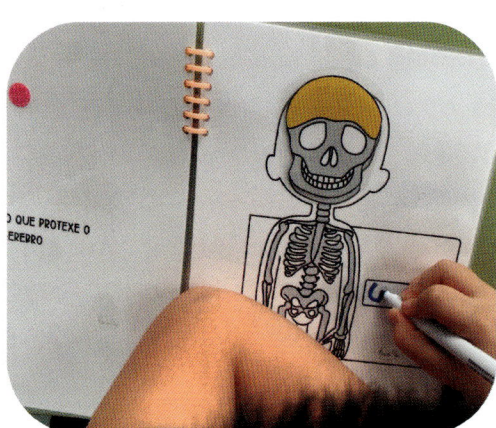

◇ Posters de aula y réplicas del cuerpo para colocar sus nombres y piezas.

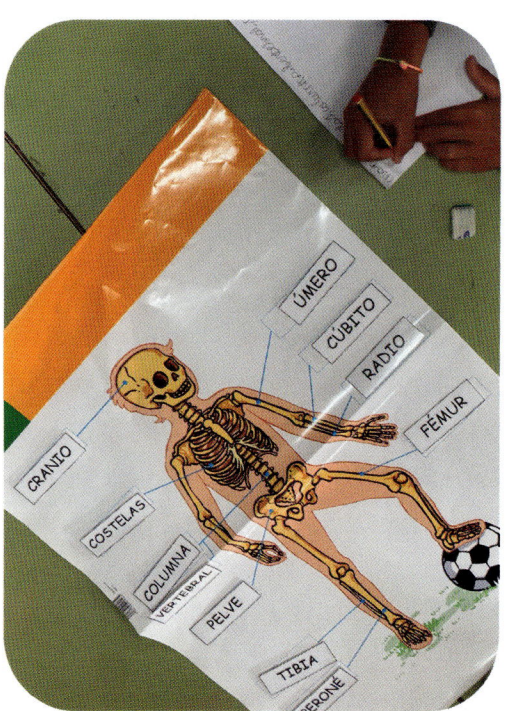

◇ Puzle esqueleto.

◇ Réplica del cuerpo humano al completo.

◇ Miniaturas de los órganos vitales para relacionar con su nombre, dibujo y función.

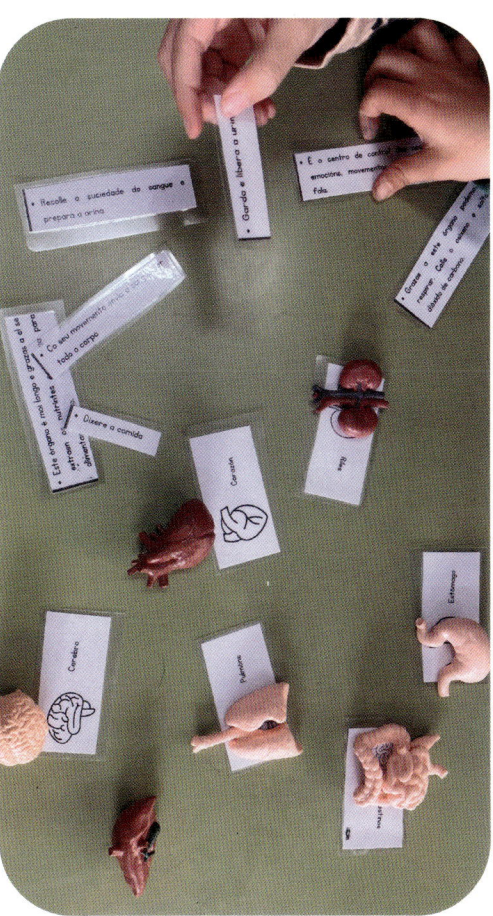

LOS ANIMALES

Los animales son una unidad que da mucho juego en el aula y que suele despertar un gran interés en el alumnado. Las estaciones que empleamos fueron las siguientes, que se pueden observar en las fotografías.

◇ Juego oral de ¿quién es quién? de animales en el que hay que adivinar el que tiene el compañero.

◇ Juego de Diset colección Aprendo en Positivo sobre los animales.

◇ Descripción de animales según sus características con el objetivo de que los compañeros y compañeras lo adivinen.

◇ Clasificación de animales por hábitats y libro interactivo sobre alimentación y características básicas.

◇ Tarjetas Montessori sobre animales.

En esta propuesta, una estación improvisada, a demanda del alumnado, fue la de lectura de libros y revistas sobre datos y curiosidades de los animales.

Las estaciones de aprendizaje de matemáticas se realizaron con los materiales explicados en el capítulo de enseñanza de las matemáticas.

◇ Tarjetas de numeración de @educamaria.

◇ Casitas de descomposición numérica @educamaria.

◇ Juego de UDC de @mansdeouro.

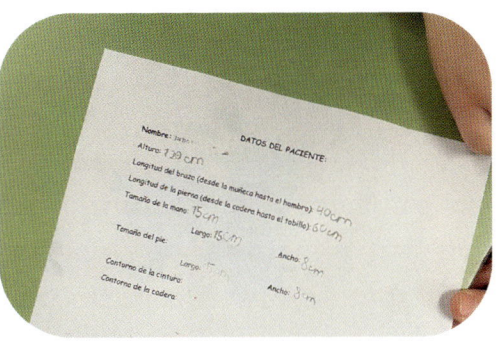

◇ Bingo.

◇ Estación de las medidas.

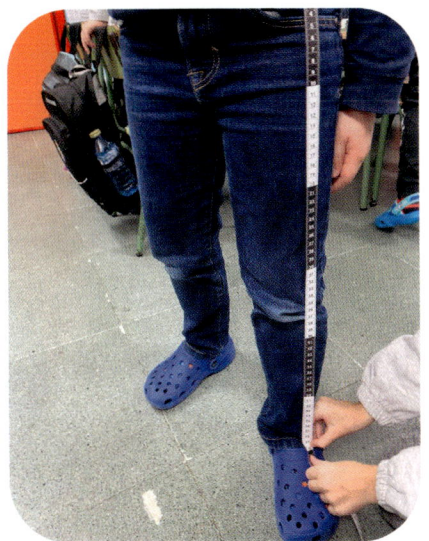

ESCRITURA CREATIVA

Las estaciones de escritura creativa son recurrentes en nuestra aula, tanto en lengua castellana como en lengua gallega. Estas estaciones empezaron siendo para la escritura de frases y oraciones, pero con el paso del tiempo se convirtieron en talleres de pequeños relatos y de cuentos colaborativos. El material empleado fueron los *dados cuenta historias* en diferentes versiones, las *tarjetas cuenta historias* y las *láminas* de escritura creativa.

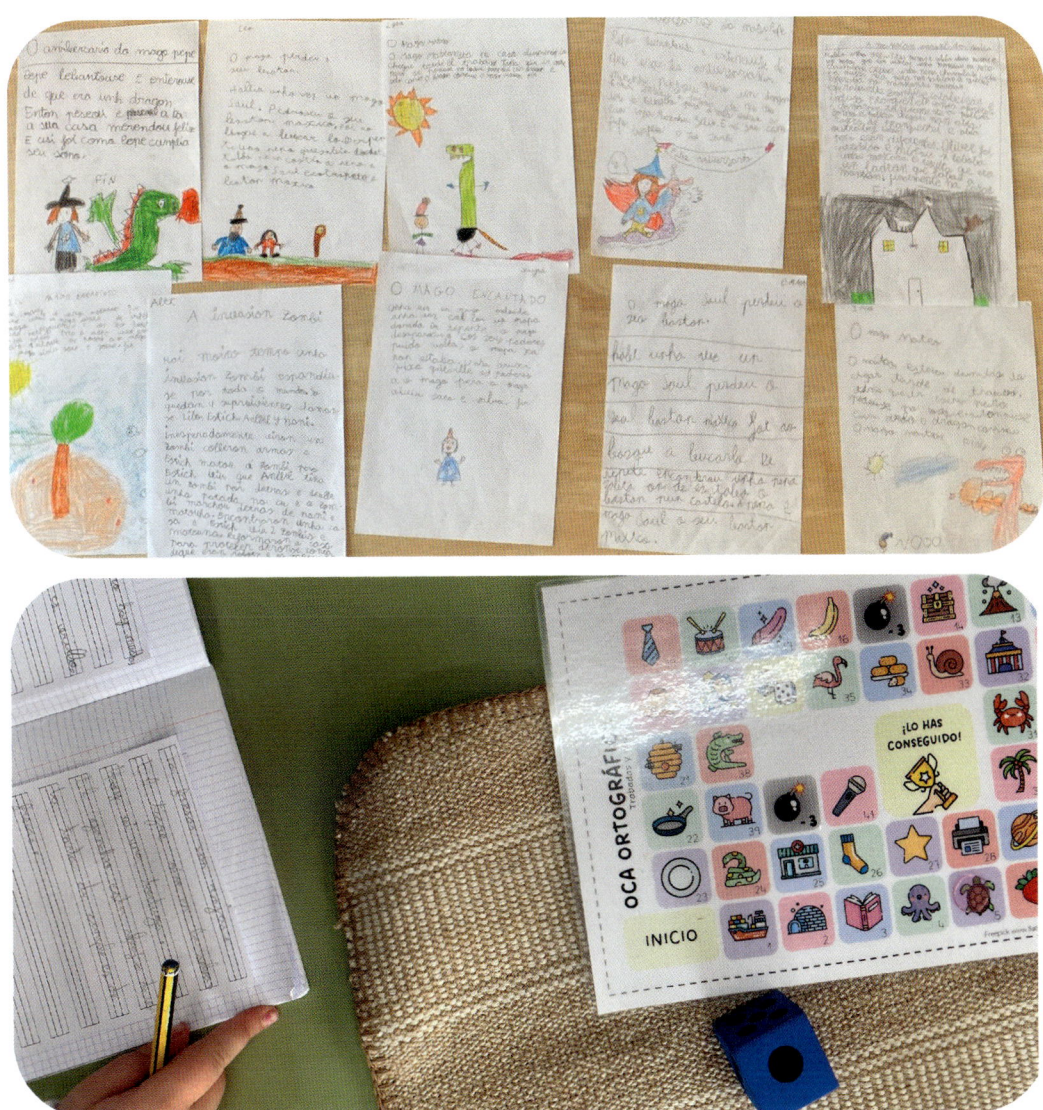

Las estaciones del relieve tan solo fueron 4 para repasar los contenidos complementarios al proyecto sobre las ciudades, villas y aldeas.

◇ Tuff Tray del relieve.

◇ Tarjetas sobre elementos naturales y humanizados.

◇ Tarjetas de elementos humanizados.

◇ Juegos estilo lince de elaboración propia.

LIBRE CIRCULACIÓN

Los espacios de aprendizaje han evolucionado considerablemente en los últimos años, dando relevancia a las actividades que se realizan en ellos y creando así ambientes de aprendizaje. Los ambientes de aprendizaje se basan en el empleo de metodologías activas y respetuosas con el alumnado, teniendo en cuenta sus factores personales, emocionales y culturales, para dar así respuesta a la diversidad del aula.

¿CÓMO SON LOS AMBIENTES Y PARA QUÉ SIRVEN?

Los ambientes deberían estar organizados en espacios diferenciados y corresponder a un ámbito en concreto. El alumnado puede circular por los ambientes de manera libre, marcando su posición en un ambiente y participando en las actividades propuestas con los compañeros y compañeras que hayan seleccionado la misma opción.

El profesorado que está de guía en ese ambiente prepara las propuestas y ayuda al alumnado a realizarlas. Las propuestas de los ambientes deben de ser manipulativas y dinámicas, siendo el profesorado el que las organiza, las explica y las evalúa con ayuda de un registro observacional y rúbricas.

El objetivo de los ambientes es favorecer el aprendizaje autónomo a través de propuestas que respeten los ritmos de aprendizaje y la colaboración entre el alumnado (López et al., 2020).

DE LA TEORÍA A LA PRÁCTICA

Los ambientes de aprendizaje, siguiendo la teoría, deberían de ser espacios de relación entre alumnado de diferentes edades, intereses y necesidades; bajo un clima de calma, en el que aprender a diferentes ritmos, sin presiones externas y basados en la tutoría entre iguales. En estos espacios, los docentes son guías del aprendizaje, ayudan a mediar y a resolver conflictos y facilitan el aprendizaje.

Desde mi experiencia de docente, es difícil implantar en un centro esta metodología para ser incluida en el horario escolar, ya que requiere una organización a nivel general y que se involucre gran parte del profesorado. Una posible adaptación es la creación de propuestas de libre circulación dentro de un ciclo o a nivel general de centro en fechas señaladas, como puede ser el último día de cada trimestre. Otra posible adaptación es la libre elección dentro de la propia clase, adaptándose al espacio y recursos disponibles.

¿CÓMO ORGANIZAMOS LOS AMBIENTES DENTRO DE UN AULA?

Dado que la ejecución teórica ideal es compleja de realizar, en nuestra aula recreamos una adaptación a la libre circulación. La clase está compuesta por espacios y grupos de trabajo que empleamos para simular los diferentes ambientes dentro del mismo espacio. Además, disponemos de un espacio delante del aula, que con la puerta abierta nos permite ampliar un poco la capacidad de la clase.

NORMAS DE CONVIVENCIA

Las normas de convivencia son un elemento de obligado cumplimiento en nuestro día a día. Durante la primera semana de curso, mediante una asamblea las creamos entre todos, las redactamos en una gran cartulina y las firmamos. Alumnado y profesorado nos comprometemos a cumplirlas puesto que así evitamos conflictos y creamos un ambiente agradable para el trabajo. Estas normas se cumplen en el día a día, por tanto, también en la libre circulación.

El número máximo de alumnado en cada grupo de la libre circulación es el mismo que en el trabajo por rincones, sin embargo, como algunas propuestas tienden a ser más llamativas que otras, colocamos un temporizador en la pantalla principal para calcular el tiempo restante. En el caso de que una propuesta esté ocupada por los mismos estudiantes durante demasiado tiempo, se pide el cambio de juego para que todos puedan participar y como no siempre funciona de modo autónomo por parte del alumnado, el profesorado sirve de mediador en el conflicto.

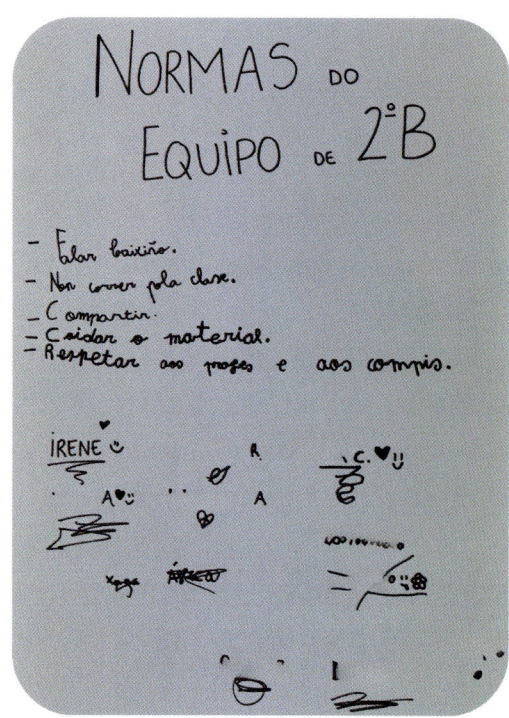

¿CÓMO PREPARAMOS LAS PROPUESTAS?

Todo el material que tenemos en el aula, colocado en sus rincones, es el material que se puede emplear para la libre circulación. Los estudiantes seleccionan el material a emplear y se colocan en un espacio en el aula en el que no molesten al resto de compañeros y compañeras.

El alumnado dispone de una tabla para el registro de las propuestas en las que ha participado. En ella se recogen los siguientes datos:

◇ Fecha.

◇ Tiempo empleado.

◇ Rincón (del que procede el material).

◇ Compañeros/as.

◇ ¿Qué hice?

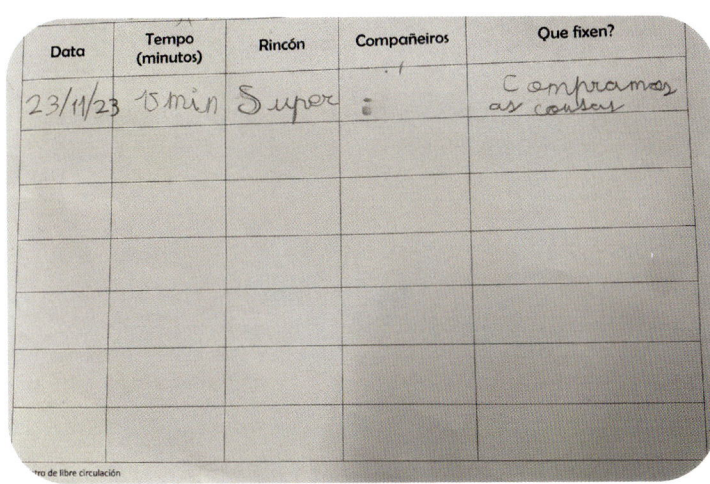

Data	Tempo (minutos)	Rincón	Compañeiros	Que fixen?
23/11/23	15 min	Super		Compramos as consas

Esta tabla de registro tiene una doble función, por un lado, la autoevaluación del alumnado y, por otro lado, el facilitar la evaluación por parte del profesorado. Con la recogida de datos, el alumnado se hace responsable de su propio trabajo, al tener que seleccionar la propuesta que más le guste, colaborar con los compañeros, anotar el trabajo y recoger la propuesta al finalizar. A mí, como profesora, me ayuda a cubrir mis registros observacionales y rúbricas mientras observo y guío el aprendizaje dentro de las propuestas que ejecutan los estudiantes.

Las actividades de libre circulación que más triunfan en el aula son:

◇ Las construcciones con vasos, cartones, legos...

◇ La cocina.

◇ El supermercado.

◇ Los juegos de mesa como: el ajedrez, el bingo, el uno, la oca, el parchís...

◇ El dibujo.

Todos los materiales de elaboración propia que se han visto o explicado en este libro están disponibles a través de mi perfil profesional en Instagram @profeirene_al.

¡Seguimos aprendiendo!

REFERENCIAS BIBLIOGRAFICAS

◇ ABN matemáticas: Algoritmo Basado en Números. Disponible en: https://calculoabn.com

◇ Alba, C. (Coord.). (2021). *Diseño universal para el aprendizaje: educación para todos y prácticas de enseñanza inclusivas:* (ed.). Ediciones Morata.

◇ Couso, M. (2023). *Cerebro, infancia y juego: Cómo los juegos de mesa cambian el cerebro.* Ediciones Destino.

◇ Casaseca, S. (2021). *El arte de enseñar.* Ediciones Aljibe.

◇ Echeita, G. (2019). *Educación Inclusiva: El sueño de una noche de verano.* Ediciones Octaedro.

◇ Elizondo, C. (2022). *Neuroeducación y diseño universal de aprendizaje: Una propuesta práctica para el aula inclusiva.* Ediciones Octaedro.

◇ Elizondo, C. (2020). *Hacia la inclusión educativa en la Universidad: diseño universal del aprendizaje y la educación de calidad.* Ediciones Octaedro.

◇ Fondo de las Naciones Unidas para la Infancia. *El acceso al entorno de aprendizaje I: entorno físico, información y comunicación.* (2018) UNICEF.

◇ Haro, B. Blog sobre divulgación científica relativa a la comunicación y el lenguaje http://siembraestrellas.blogspot.com

◇ López, E., Cobos, D., Molina, L., Jaén, A., & Martín, A. H. (2020). Claves para la innovación pedagógica ante los nuevos retos: respuestas en la vanguardia de la práctica educativa. (Octaedro).

◇ López, S. (2018). *Esencia Diseño de Espacios Educativos Aprendizaje y Creatividad.* Khaf.

◇ Martínez, J., & Sánchez, C. (2019). Enriquecimiento de los aprendizajes matemáticos en Infantil y Primaria con el Método ABN. Grupo ANAYA.

◇ Moreno, M. (2022). *Diseño Universal para el Aprendizaje (DUA): algunas experiencias en Colombia.* Facultad de Medicina. Universidad Nacional de Colombia.

◇ Murillo, J. L. (2020). Metodologías Activas. Recursos para el Aula: Qué Podemos Hacer en el Cole Sin Libros de Texto, Asignaturas, Deberes, Exámenes ni Notas. Publicación Independiente.

◇ OAOA matemáticas: Otros Algoritmos para las Operaciones Aritméticas. Disponible en: http://oaoamatematicas.org/

◇ Palazón, J. Blog sobre divulgación científica en enseñanza y aprendizaje de la lectoescritura http://dificultadesespecificasdelaprendizaje.blogspot.com

◇ Ripoll, J. C. (2019). Manual práctico para el desarrollo de la comprensión lectora: una propuesta para la Educación Secundaria a partir del marco PISA.

◇ Sabuco, A. M. (2021). Estaciones de aprendizaje: ed. primaria y secundaria.

◇ Willingham, D. T. (2023). Sé más listo que tu cerebro: Por qué aprender es difícil y cómo puedes hacerlo fácil. Ediciones Obelisco.

Legislación

◇ Orden EFP/678/2022, de 15 de julio, por la que se establece el currículo y se regula la ordenación de la Educación Primaria en el ámbito de gestión del Ministerio de Educación y Formación Profesional. *Boletín Oficial del Estado, 174*, 21 de julio 2022.

◇ RESOLUCIÓN de 6 de junio de 2023, de la Dirección General de Ordenación e Innovación Educativa, por la que se dictan instrucciones para el desarrollo de las enseñanzas de educación infantil, educación primaria, educación secundaria obligatoria y bachillerato en el curso académico 2023/24. *Diario Oficial de Galicia, 115,* 19 de junio de 2023.